鸿爪雪泥 忆大师

刘未鸣 韩淑芳 主编

中国文史出版社

《纵横精华》编辑委员会

主　编：刘未鸣　韩淑芳

执行主编：金　硕

编　委：全秋生　孙　裕
　　　　李军政　胡福星

目 录

曾祖邹容鲜为人知的多侧面

邹以海

英雄的侠义和亲情

曾祖邹容胸怀天下兴亡，是个人所共知的民族英豪，但他同时还是一个有血有肉的情义男儿。

1903 年，进步人士陈范在上海主编的《苏报》全文连载了邹容的《革命军》。这篇两万字的战斗檄文，引起了清政府的极大恐慌。联合上海英国租界当局，清政府抓捕了为《革命军》作序的章太炎。当时，邹容有时间脱身，但他没有这样做。得知章太炎被捕，邹容只身到英租界巡捕房投案，包裹着高高红头巾的印度狱警一把挡住他，不相信《革命军》出自眼前这位青年之手。当邹容流畅背诵出大段原文后，这个印度老爷兵惊讶不已。

刚入狱，邹容和章太炎被关在一个牢房。章太炎问他为何不逃脱，邹容说：你为我而坐牢，我哪有逍遥在外之理呢！生死也要和你在一起。足见邹容的侠义。因为"苏报案",章太炎被判三年,邹容被判两年。在狱中他们相濡以沫,以诗唱和,相互激励。

邹容个性刚烈,在狱中常为犯人的非人待遇与狱监抗议争辩,章太炎劝慰他心平气和,静待出狱。清政府深知邹容年轻激进,出狱后必会更加反叛。邹容的狱中结局由此可想而知。章太炎在他的《邹容传》中这样描述曾祖邹容牺牲时的情景:"其夕,积阴不开,天寒雨湿,鸡初鸣,卒于狱中,旦日,余往抚其尸,但其目不瞑,同系者皆疑医师受贿鸩之。"1905年4月3日凌晨,在旧中国"风雨如晦,鸡鸣不已"的寒冷日子里,壮志未酬年仅20岁的曾祖邹容,就这样被清廷毒杀了。

自幼聪颖、言行叛逆的邹容,和他大哥性格迥异。他疾恶如仇,大哥则温良敦厚。在一次童子生的考试中,邹容和大哥同在考场应考。因为考题偏僻难懂,考生多数无从下笔,邹容便问考官,考官不但不解释,还差人要打邹容的手板。12岁的邹容大声说道:"要打你来打,不要叫别人来打!"说罢愤然离场罢考。邹容曾经宣称:衰世科名得之有何用!其大哥却热衷科举,多次参加科考,最后总算考取拔贡,先是候补知县,后来异地上任,仅半年后清廷便垮台了。

在科举道路上分道扬镳,并没有妨碍邹容与大哥及家人的骨肉亲情,这从他仅存的两封家书中便可见一斑。在留学日本途中给父母和大哥的家书中,他充分表达了对父母的思念和未能在家侍奉二老的憾意,希望哥哥能回家侍奉父母,以代为尽孝。

字辈的沿袭传承

我们邹家在清道光末期,随高祖邹建德(邹容的爷爷)从湖广孝感原籍迁居重庆。到邹子璠这辈,因为他经营大米生意而致富,建立了一个衣食无虞的大家庭。于是,他在小较场(现在的渝中区大都会附近)

购置地皮，修建了邹家祠堂。这是个有十来间厢房的院子，厅堂相当宽敞。1917 年，章太炎担任孙中山护法军政府秘书长时，曾带领随从十余人赴云贵川说服地方军阀出兵护法，途经重庆时曾来邹家祠堂看望邹容遗族，就在这个可容纳二三十人的大厅房里合影一张。邹绍阳和章太炎同排而坐，我爷爷邹兴树等族人在第一排席地而坐。这张珍贵的历史照片，我家现仅存有一张影印件。1870—1885 年，在邹子璠的悉心打理下，邹家家道日渐殷实富裕，他有了八个儿子、四个女儿，于是亲订字辈家谱，以"齐绍兴传，以道为纲"八个字作为承传香火的辈分。邹容父亲这辈叫"齐"，子辈称"绍"，邹容的名字叫邹绍陶，是邹子璠依据《诗经·国风·王风》中的"君子阳阳，君子陶陶"两句而取，寓意兄弟相处得喜洋洋、乐陶陶，和谐共生。我爷爷叫邹兴树，我爸爸叫邹传参，我的儿子叫邹道嘉，名字都是依字辈而来。这样的传承取名是希望发扬光大邹子璠和邹容的奋斗精神，沿袭家族旺道的香火。

曾祖为什么留日改名？

一个人的名字有着一个时代的明显印记。在邹容那个时代，小康以上的人家给晚辈取名，不仅有"名"有"字"，有的还有"号"，或者"乳名"等。我的曾祖邹容留学日本前，家人叫他"桂文"或者"绍陶"，在邹容的家书中，落款和自称都是"桂文"。亲友对他的称呼多是"威丹"。

1903 年，邹容先是以优异成绩考取公费留学名额，和当时本地多名青年才俊一道，由重庆知府李立元（当时重庆公派留学生的监督官）带领赴成都谒见四川总督奎俊。在邹容的亲笔家书中曾提到，他们一行受到奎俊的勉励。

但是在后来正式录取的调查政审中，邹容的叛逆言行被上报总督衙门，官府下了"聪颖而不端谨"的断语，邹容被取消了公费留日资格。这对一心向往东京（当时东京是清朝留学生的首选，从1898年戊戌变法后到民国初年，中国派出留日学生达数千名），渴望接受欧风美雨思想洗礼的邹容来说，是一个很大的打击。

但他矢志不渝，整天在其父邹子璠前软磨硬缠，要他资助自费留日。当父亲同意后，意外又发生了，他的舅舅刘华廷从中竭力阻挠，说是邹容一旦赴日会给家族惹来更大的麻烦。眼看自己的留日计划要付诸东流，性急气盛的邹容忍无可忍，要拿菜刀去砍杀华舅，家人苦苦劝解，他的父亲才终于同意出资让他留日。

留日是邹容梦寐以求的。他的旧学恩师江叔澥曾数次写信对他说，"去日甚好，中国无一完善学校"。这一直支撑着邹容探索真理、去日本留学的信念。

1903年8月，邹容终于成行。他乘船东下上海，转乘海轮到东京。当时秋瑾留学日本后，将原名"秋闺瑾"改为"秋瑾"，有再造自我之意，她以前的名字反而不为人所知了。邹容一到东京，就被这里如火如荼的爱国救亡气氛所感染，于是，他给自己改名叫"邹容"，隐含从此容颜改变、脱胎换骨的寓意。在日本，他积极参加留日集会、加入拒俄义勇队等活动，他的广博学识、爱国激情和演讲才华，得到了充分的发挥。

从此，"邹容"这个名字便在留日学生中广泛传扬，他的那本反帝反封建的战斗檄文《革命军》，首次以"邹容"署名。100多万册的刻印本，使《革命军》成为清末发行量最大的反清读本，这更使邹容的英名不胫而走。改名是邹容重塑自我形象的重要标志，也是他短暂而光辉一生的起点和闪亮点。

邹容有鲜为人知的爱好：金石篆刻，这也是他明志和表示爱憎的载体。史学家冯自由在他的《革命逸史·邹容传》中说"课余辄喜从事篆刻，所作类雕篆名手，人以为天才"。1903 年留日期间，邹容用一块白寿山石雕刻了一枚印章"英雄心胆依然在"送给留日的邓只淳。还有一次，一位同游学日本的篆书爱好者，拿出一枚刻有"壮游日本"的印章让邹容欣赏。邹容见章，立即掷还道：才来日本便夸耀是壮游，那人家环游世界又怎么来自夸呢！

潜渡白龙湾

——梁启超在护国运动中的片断

蔡 端

梁启超是资产阶级改良派的典型代表人物。戊戌变法期间，他作为康有为的得力助手，积极参加了具有进步意义的变法维新运动。在同封建顽固派的论战中，他笔锋犀利，所向披靡，成为中国近代第一次思想解放潮流中的英勇斗士和声名卓著的宣传家。戊戌政变以后，他流亡日本等地，代康有为成为改良派的挂帅人物，变成了资产阶级革命的绊脚石。

1915 年护国运动爆发，梁启超又出于资产阶级改良派的利益，策动蔡锷组织护国军，积极参与了反对袁世凯的斗争。本文就是记述梁启超在护国运动中的一段经历的。

1915 年（民国 4 年），袁世凯妄图称帝，改中华民国为中华帝国，定于次年粉墨登场。梁启超、蔡锷、蒋方震、戴戡、汤觉顿、黄溯初等人鉴于当时国内时局之严重，筹商对策于天津，决定由蔡锷去云南率领滇军，由戴戡去贵州率领黔军，进占四川；然后，争取广西、广东次第宣布独立，出兵湖南，合力击袁，从而把反袁护国运动推向高潮。

平地异军突起

这年12月25日，蔡锷等人按预定计划在昆明通电反袁，组织护国军，蔡锷亲自任第一军总司令率队入川。

护国军在蔡锷将军领导下，高举讨袁大旗，纪律严明，深受沿途人民爱戴，士气十分旺盛，一举攻占叙府（今四川省宜宾市），威胁成都、重庆两地。但是，袁世凯在泸州、纳溪派有曹锟、吴佩孚等精锐部队，护国军与之激战月余，终以兵源不足、弹药短缺被迫暂退大洲驿，从事调整部署，以备再战。这是1916年2月中旬到3月初的战况。尽管护国军暂时受挫，但在政治上已赢得全国人民的广泛同情，给袁世凯以沉重的打击。

空叹一筹莫展

在这艰难危急时刻，广西却迟迟不宣布独立，广东更是观望不前。其时，进步党首领梁启超已离津赴沪。他在上海曾多次给广西都督陆荣廷发去电报，他派往广西联系的人员也没有回音，心中十分焦急。

2月中，广西都督陆荣廷的谋士陈某抵沪来见梁启超，说：如果梁能去广西，陆可于先生到达之日立即宣布起义，通电全国。梁启超的左右感到这个姓陈的来得突然，半信半疑。但梁启超深信，如果自己此时去广西，定可促使陆荣廷早日行动。于是，便预订了2月25日开往香港的船票，拟取道越南，进入广西。2月22日，陆荣廷的亲信唐绍慧来到上海。他将广西反袁的准备情况详细地告诉梁启超，并说明陆荣廷之所以要候梁到后再宣布独立，是因为陆自己只在军事上有把握，而在其他方面却无能为力，因此必须候梁到后才开始行动。唐又说，他此次北来，还得去南京与冯国璋联系，然后返回上海与梁一同出发。

在唐绍慧去南京与冯国璋联系的十来天里，四川南部的战势越来越紧张，形势越来越险恶，大家都盼望广西能够尽快发难，以带动其他各省共同反袁。此时，梁启超在上海的活动本来极其秘密，但因广西先后来人与各方联系频繁，消息逐渐泄露，《时事新报》并以专电见报。因此，袁世凯通令全国缉拿梁启超就地正法。外间谣言纷起，传说暗杀梁启超的人也可报功领赏。梁启超周围的人都为梁启超的安全担心，担心他不仅不能前去广西，即在上海的安全也十分可虞。面对时局，梁启超本人也一筹莫展。

正当梁启超一筹莫展之际，1916 年 3 月 1 日，日本驻沪武官青木中将突然来访梁启超，说是在报上看到消息，特来探询。梁启超考虑到此行要经过香港、越南转入广西，沿途难免会遇到困难，便趁机托青木设法照料。青木慨然许诺，派他的部下松井负责办理旅途具体事项。第二天，松井来说已与东京、香港等地谈妥，定于 3 月 4 日由上海乘日轮"横滨丸"出发，到香港后换乘日本货轮"妙义山丸"去越南海防，沿途生活及安全统由日本人精心照料。

3 月 4 日，梁启超由上海启程，乘日本"横滨丸"驶出长江口，同行的有汤觉顿、黄溯初、黄大暹、蓝志先、吴贯因、唐绍慧等七人。为了严守秘密，梁在上海静安寺路的寓所仍旧暂时维持原状，门口的印度阿三还是照常站岗，家里人依然进进出出，所有这些都是为了迷惑袁世凯的密探，使之误以为梁启超仍在上海。

困居海上日

"横滨丸"的船长特意在轮船底层锅炉房临时辟设一间小屋，安置梁启超等一行七人，饮食起居都在这斗室里，白昼绝不外出，只在夜深人静的时候才到甲板上去散散步，吸点新鲜空气。从3月4日离开上海，直到3月27日到达镇南关（今睦南关）。在这20多天里，因形势紧张，对梁启超的安全威胁极大，因而梁启超的行动也就越来越不自由。他后来回忆这段往事时感慨地说："天下之至乐，当于至苦中求之。"

3月7日，"横滨丸"到达香港，而日本运煤船"妙义山丸"还没到，同行的人都上岸住进旅馆或友人家中，办理需要办理的各种事情，而梁启超为了安全，一个人仍留在底舱里。他原以为这时轮船上已没有外人，可以自由自在地上楼下楼随意各处走走，殊不知受到的限制更为严格，困居斗室，寸步难行。这是由于香港当局已受袁世凯委托，严格追缉梁启超。密探军警监视上下轮船的人，还经常派人到船上搜查，梁只得隐藏在底舱里。

潜渡白龙湾

当梁启超还在上海的时候，取得越南的过境签证原本容易，可是只隔几天，法国当局颁布了新的规定：凡是申请过境签证，必须持照人亲自到领事馆核对照片，否则不予签发，连日本人也须遵守这一规定。这项新规定显然也是受袁世凯政府之请而改订的。此时，日本驻广州领事传来消息，说袁军已收复叙州；未几又传袁军已克纳溪，未几又传龙觐光部已攻克剥隘。在这种紧迫形势下，促使广西尽快宣布独立是十分必要的，但是要取得通过越南的入境签证又不可能。梁启超此时焦急万分，很想经由广州、梧州直趋南宁，敦促陆荣廷早日行动，但是汤觉顿等人认为实在太危险，坚决反对，因此只得改作偷渡越南之计。

为了偷渡国境，七人同行目标太大，于是决定分别行动。有的经由广东入桂，有的乔装日本人向法国领事馆申请过境签证。梁启超和黄溯初两人则乘"妙义山丸"煤船先去海防，然后设法偷越边境进入广西。梁启超由上海出发时，带有衣物文书等行李，这时即装扮日本人，改穿西服，将中式服装和被褥等统统抛弃，随身只带一只手提皮箱，以便轻装前进。

3月12日，梁启超由停泊在香港的"横滨丸"乘小火轮直接渡登"妙义山丸"，上船之后立即起航。这艘货轮原是运煤专用，简陋肮脏。船长特意为梁启超安排一个舒适的舱室，室内用具都是新添置的，伙食也是特制的。"妙义山丸"于15日到达越南鸿基港附近的白大龙海湾。

白大龙海湾简称"白龙湾"，属于越南领海，距离海防还有五小时的航程，这是通向海防的必由之路。梁启超要偷越国境，必先潜渡白龙湾，而后潜入海防市。为了逃避法、越警方的检查，"妙义山丸"在距离海防很远的海面上便抛锚停泊。海防日本商人横山（日本驻海防的名誉领事）事先接到通知，来到"妙义山丸"接受任务，并立即返回海防预为布置。接着，船长将梁启超等隐藏在底层煤舱里，以防法国官吏上船检查。第二天凌晨3点，横山开来一艘游艇，载有女眷，似乎专为游览白龙湾而来。船长用小筏将梁启超、黄溯初渡上游艇，横山热情招待新来的游客。

白龙湾距离鸿基港约10里许，水碧沙白，还有许许多多石岛矗立在浅海里。这些海岛星罗棋布，奇峰高耸，怪石嶙峋，却又长着奇花异草，藤条蔓衍，远远望去，朦朦胧胧，蔚为大观。梁启超说，他生平没有见过这般美景，竟想不起古人的词句可资形容，只觉得曹操在《观沧海》中所描绘的气象和这里的美景仿佛相似。

横山的游艇载着梁启超等在海岛之间往返逡巡，仿佛游兴很浓，实际上是消磨时间，避免越南与法国官吏的监视和检查。直到夜晚8点，横山才将游艇开进海防港口。梁等急速来到横山家中，法、越警方竟丝毫没有察觉。梁启超潜渡白龙湾终于如愿以偿。

疾病缠身命几丧

海防华侨张南生，名为经商，实际上是云南派驻越南的办事人员。他给梁启超送来唐继尧的三封信，敦请梁启超火速前去昆明，共商大计。但张南生说：法、越当局受袁世凯之请，严防梁启超偷渡越南进入云南，沿途警戒森严，十分危险。张南生还说，即使在海防也不可久留，随时有被逮捕或被暗害的可能。然而梁启超原先与陆荣廷的代表唐某在香港已经约定，待唐到广西后再来迎接，以保安全，计算时间，还得在越南停留一星期。为了确保安全，横山劝梁启超住在他在帽溪的牧场里去，那里较为安全，而且离镇南关不远，汽车两小时可达，也可乘小船到谅山，然后再偷渡国境。由于要等广西的使者来接，梁启超只得一人住到帽溪去。黄溯初则用假护照冒充日本人先去昆明。

梁启超于3月16日来到帽溪。这里是山坡脚下的一间小屋，十分简陋，被褥蚤虱充斥，饭菜十分粗糙。夜晚没有茶水，一灯如豆，虽有书也不能阅读。后来香烟吸完，也买不来。梁启超说，他在写文章的时候，精神有所寄托，便会忘记生活上的苦恼。然而这时所带的纸张也已用完，箱子里只剩信笺数十页，梁十分珍惜，不愿轻易使用。他在家信中叙述这时期的生活简况时，勉励他的子女加强"学养"（意即修养——编者注），他说他这些年来过着舒适生活，习惯于安乐，因而不能适应外界急剧变化的环境，这是他"学养不足之明证也"。他教导年轻人说:"人生惟常常受苦乃不觉苦,不致为苦所窘耳。"然而梁启超说,他此时感到更苦恼的是怀念正在前线与敌血战的将士们。他说,他们在战场浴血苦战,苦处超过我几十倍,自己在这里已是太安逸了。

就在帽溪期间,有天晚上梁启超突然病倒,懵懵然通宵不能入睡,第二天竟发高烧,病势更趋严重。牧场的人前来探视,知道这是当地流行的一种热病,急忙弄来草药治疗,幸得痊愈。据说,梁的病情较轻,服药也及时,否则就有丧命的危险。他说,此病的痛苦真非言语所能形容,当时唯求一死,连想念家人的心思都没有了。

两广宣布独立

梁启超于 3 月 26 日离开帽溪,途中露宿一宵,27 日到达镇南关,才知道蔡锷所率护国军已在川南取得决定性的胜利。袁世凯被迫于 3 月 22 日宣布撤销帝制。因此,梁启超立即通电全国坚持袁世凯必须退位,并密电已独立各省勿得与袁言和。

镇南关与龙州相距 150 里,梁启超经过的市镇村落都悬彩旗燃爆竹表示欢迎,父老相携迎送 10 里以外。梁启超到达龙州时,受到的欢迎更为热烈。全城的爆竹声喧天沸地,都是老百姓自动发起的,由此可见袁世凯妄图称帝是很不得人心的。在龙州,由于各项公务急待处理,各地公文急需答复,梁启超又是一个通宵未能入睡。第二天,各界人士邀请梁启超讲演的凡六七处,梁因急于去南宁,又不便辜负各方盛意,只好要他们合并起来,分别在两处演讲。3 月 29 日,梁启超离开龙州去南宁时,老百姓又是倾城欢送,左江两岸人群如墙,争相观看这位风云一时的人物,而梁启超这时已是"目不交睫、手口不辍者已三十八小时矣"。

4 月 4 日,梁启超到达南宁。广西都督陆荣廷由梧州行营赶回迎接。4 月 6 日,广东宣布独立。护国运动自是进入高潮。

康有为的经济生活

———

陈明远

康有为是清末维新改良派的主要人物之一。1898 年戊戌维新惨遭失败，"六君子"被屠杀，流血政变后，康有为和梁启超逃亡海外多年。这一时期他们是如何维持生计的呢？百年后的读者们恐怕不大清楚。根据确切的史料，当时康、梁已开始经营出版、报社、文化企业以及房地产，一句话：依靠在国外华侨区和上海租界等地创办实业。

康、梁以实业互助

1898 年秋冬之交，康、梁以"保皇会"的名义、用入股的方式，向港澳华人、北美和大洋洲华侨集资，创办"广智书局"（位于上海外滩租界）和后来的"新民丛报社"。梁启超以提供文稿作为"技术股"占有三分之一的股份，在海外遥控。仅 1902—1903 年，就分得"新民丛报社"的红利上万银圆；当时一块银圆的购买力约合今人民币 70 多元。这时，康有为遭到清政府雇用的杀手追杀，被迫避居印度吉大岭，经济窘迫，很快得到他的弟子梁启超汇款 1800 银圆，约合今 13 万元。

康有为不久也在海外经商、做地产生意，以保障活动经费。1906 年（光绪三十二年）春节，康有为访问墨西哥，受到隆重接待。当时墨西哥城正筹款修筑有轨电车轨道。康有为利用各地华侨提供的捐款，购置电车轨道经过之处的地产；不久以后，这些地价上扬好几倍，得到 10 多万银圆（墨洋）的盈利。

这时，梁启超主持的"广智书局"却因经营不力而遭到亏损。于是作为老师的康有为，又反过来资助这位得意门生，提供经济援助。他保证解决梁启超本人及亲属的生活费，写信问梁启超需要多少钱？梁回信：每年费用 3000 银圆（合今 20 万元）。康有为立即拨付，给梁启超本人 3000 银圆，给他在澳门的家属 1000 银圆，给梁的兄弟学费每年 1000 银圆，共计 5000 银圆，约合今 35 万元。

康、梁流亡国外，依靠海外华侨和日本友人的赞助，仍从事政治活动。

中华民国成立后，1913 年康有为 55 岁时回国，由广东士绅邓华熙（1826—1917）等人联名请求，广东政府发还了被清朝抄没的康氏家产，又加发官产，作为对康有为 15 年损失的赔偿。

康有为晚年的生活非常富裕。一部分财源是海外的宪政党供给的，另一部分是用家产生息，买卖古董书画，来维持康家的高消费。

1914 年康有为定居上海后，就变卖了广东的房产，在上海买入地皮。转眼上海地皮飞涨，康有为从中获利很多。

康有为出售书法

康有为平时还通过出售他的书法作品赚钱。

从现在找到的康有为三件"书法润格"，可以看出"卖文售字"成了他晚年的重要活动之一。第一件是设在上海三马路（今汉口路）和北京竹斜街两地的"长兴书局"在 1917 年《不忍》杂志上刊登的卖字文告；第二件是 1919 年设在上海三马路山东路口的北京厂甸海王村公园的长兴书局在图书《物质救国论》末页的卖字广告；第三件是康府于 1924 年自印的"康南海先生鬻书例"。

康有为的书法格调古朴高雅，或浑厚雄健，或潇洒奔放，或飘逸流动，或拙中见巧，多姿多彩，各有奇趣。他在宣纸上书写各种墨迹，得心应手，游刃有余。康有为在报刊上大登卖字润格广告，或在上海、北京各大书店放置"康南海先生鬻书润例告白"，中堂、楹联、条幅、横额、碑文杂体，有求必应，无所不写。当时的官僚、地主、军阀、富商，附庸风雅，趋之若鹜，纷纷收藏康有为的字书，据说此项收入每月就在 1000 银圆左右，合今人民币 4 万~5 万元。

1914 年 6 月，康有为租赁了上海新闸路 16 号辛家花园（今新闸路 1010 号新亚药厂）并定居下来。这是一座似"大观园"式的住宅，占地颇广，曲桥楼阁，围以红墙，园主人原是锋太人辛溪，后来园主破产，落入盛宣怀家庭手中，但一般上海人仍然习惯称为"辛家花园"。康有为特意把里边两座宫殿式的二层楼房，题名为"游存楼"和"补读楼"，每月租金 120 银圆。一住就是八年。

康公馆、游存庐和天游学院

1921 年，已届 64 岁的康有为又在愚园路（当时为英租界越界筑路地段）自购地皮 10 亩建造了一座中西合璧的花园住宅，取名"游存庐"。但是此后在上海文化史上以"康公馆"著称。这座康公馆的门牌原是地字 34 号（后改编为 192 号和 194 号），筑有两幢西式楼房。1926 年 3 月，康有为就在这临街的一幢二层楼内，开办了"天游学院"。

"康公馆"大院内的主要建筑，是一座中西合璧的两层楼房"延香堂"，楼上楼下共有十间房，楼下有一个很大的客厅。院子中间有一座民族传统形式的平房"三本堂"。康有为根据《荀子·礼论》云："天为生之本，祖为类之本，圣为教之本"；所以把供奉上帝、孔子、祖宗的地方称为"三本堂"。厅里还供奉着戊戌政变（1898年）从容就义的"六君子"之一康广仁的遗像。

此外有一座古色古香的"竹屋"，里面是木结构，外用竹子搭盖，充满着自然情趣，是康有为招待朋友和休息的所在。还有一些附属建筑，用作厨房、仓库和雇员的住所。

院子里挖了一个曲折的大池塘，上架两处木桥，大池内可以划船。挖出来的泥土堆成一座假山，山腰有茅亭装点。各处种有1200多株树，有从日本买来的樱花400株，从苏州买来的红梅数十株，有桃花400株，还有稀见的开绿色花的梨树。池边舍旁搭有爬满葡萄和紫藤的棚架，种了很多菊花和玫瑰。还养了两只孔雀，一只麋鹿，一只猴子，一头驴子，500尾大金鱼。

康有为晚年的庞大开支

康有为家中成员庞杂，除了原配夫人张云珠于1922年去世外，他还有5位妻妾和6个未婚子女，日常侍候这些老爷太太、公子小姐们的有10个女仆、30多个男仆、厨师等雇员。有两个看门的印度人，以卷起来的白布包头，满脸络腮胡子。另外还有川流不息的前来寄居的门生故旧和食客，少则10余人，多则30余人，一概款待如宾，模仿春秋战国时期孟尝君的古风，叫作"养士"。

这么多的宾主成群，平均每四天要吃一担（160斤）上白大米。康家仆役每天采购日用品、副食品多用汽车运输，每月单伙食费就要花费

400 银圆。男女雇员每人月薪平均 12 银圆。康有为还给女儿们每人每月发零用钱 5 银圆，儿子们每人 2 银圆。再加上应酬费，总开支每月不下 1000 银圆。康有为经常与外界联系，对国家大事表态，时常打电报，据说电报费可达上千银圆。

总之，康有为 55 岁以后在上海和江南生活的 14 年间，每年花费不下 1.2 万银圆，折合今日人民币 50 万～60 万元。

康有为晚年不甘寂寞，喜欢在"天游学院"和"游存庐"中，与海内外学者名士交往，如画家徐悲鸿、刘海粟，女书法家刘绁、萧娴和后定居新加坡的李微尘，均是拜门弟子；书画大师吴昌硕、诗人陈三立、教育家蔡元培等，都是座上客。徐勤和梁启超在《致宪政党同志书》中曾称颂康有为："先生以国为家。夙不治家人生产作业，每遇国难，辄毁家以图纾救。居恒爱才养士，广厦万间，绝食分甘，略无爱惜。"这究竟是一种阿谀奉承还是嘲讽之词呢？那就看"仁者见仁、智者见智"了。

1927 年康有为去世后，"天游学院"随即停办。然而"游存庐"还"存"了三年。到 1930 年，康氏家族继承人为偿还债务，被迫将"游存庐"出售给浙江兴业银行；该行将原有园林拆除，利用这 10 亩地皮，改建为"弄堂式"的居民楼房 40 多栋，名为"愚园新村"，迄今尚存。

李叔同早年在日本的话剧演出

李 颖

披发伴狂走。莽中原，暮鸦啼彻，几枝衰柳。破碎河山谁收拾，零落西风依旧，便惹得离人消瘦。行矣临流重太息，说相思，刻骨双红豆。愁黯黯，浓于酒。漾情不断淞波溜。恨年来絮飘萍泊，遮难回首。二十文章尽海内，毕竟空谈何有！听匣底苍龙狂吼。长夜凄风眠不得，度群生那惜心肝剖！是祖国，忍孤负！

这段激情满怀的《金缕曲·留别祖国》，正是津门才子李叔同别离祖国，东渡日本探索人生、探索艺术之时，所抒发的爱国之情、救国之感！

在日本东京上野美术学校，李叔同改名李息霜，作为第一位学习美术的中国留学生登入日本的学籍。在早浴、和服、长火钵的异国他乡，李息霜一面主攻西洋绘画，一面抽时间兼学音乐。鉴于李息霜在天津对绘画、音乐、戏曲、诗词、书法、篆刻的多种艺术爱好，初到日本便独自编辑了《音乐小杂志》，在日本印刷后，寄回国内发行，成为中国留日学生中的佼佼者。

明治初年，日本的新派剧颇为兴盛，日本川上音二郎演出的"浪人戏"，对李叔同很富有吸引力。李叔同 1901 年在天津时，曾在《黄天霸》《蜡庙》《白水滩》等京剧传统剧目中，登台扮演了黄天霸、褚彪等戏剧人物。最初的戏剧舞台实践，使李叔同切身感受到那种"泥他粉墨登场地，领略那英雄器宇，秋娘情味，雏凤声清几许"的独特意境。因此，话剧与中国戏曲的唱念做打截然不同的舞台布景、写实的演剧内容、耳目一新的舞台效果，都使他在心中油然产生一种从事新剧实践的欲望。在中国留学生中间，有一位能唱二黄、又与日本"新派剧"名流藤泽浅次郎是朋友的曾延年（曾孝谷），与李叔同爱好相同，共有所感，于是李叔同和曾延年在日本发起成立"春柳社"，专门从事诗文、绘画、音乐、演艺（戏剧）的研究，并探求艺术的发展规律。

1907 年 1 月 12 日，日本各界报纸刊登了一条新闻。大阪《每日新闻》报道得更为醒目："根据美国驻清领事的通电，清国内部（江苏省水灾）的饥荒惨状极为严重，如不迅速设法救济，每周必将发生数千饿殍。"春柳社成员们一听到国内这条令人心痛的消息，连夜在日本神区骏河台铃术町十八番地的"清国留学生会馆"召开了紧急会议。会议最后作出举行赈灾游艺会，演出话剧《茶花女》，为国尽责、为民尽义的决定。

二十几天以后，春柳社在藤泽浅次郎的帮助指导下，李息霜饰玛格丽特、唐肯饰亚猛、曾孝谷饰亚猛的父亲、孙宗文饰配唐，在东京孟玛德剧场成功地演出了该剧里亚猛的父亲访问临终的茶花女一幕戏。

由李息霜男扮女装饰演的茶花女，忍痛剃去心爱的小胡子，头上戴着长卷发的假头套，身穿银白色上衣，乳白色的百褶裙拖到地面，一条裙带紧束腰身……在舞台上他两手托头稍向右倾，眉峰紧皱，眼波斜睨着，完全再现了茶花女自伤薄命的妩媚神态。

日本老戏剧家松居松翁根据《茶花女》的演出，在《艺居》杂志上曾发表文章说："中国的俳优（演员）使我最佩服的便是李叔同君。当时他在日本时，曾仅仅是一位留学生，但他所组织的春柳社剧团，在东京上演《椿姬》（《茶花女》）一剧，实在非常好。不，与其说这个剧团好，宁可说就是这位饰椿姬（茶花女）的李君演得非常好……尤其是李君的优美婉丽，决非日本的俳优所能比拟。我当时看过以后，顿时又想到孟玛德小剧场所见裘菲列表演的椿姬，不觉感到十分兴奋，竟跑到后台和李君握手为礼了……李叔同君确是为中国放了新剧最初的烽火……"

《茶花女》连演数场，所获纯利润千百余元全部寄回祖国捐助了灾区人民，春柳社的全体同人备受鼓舞。初次话剧演出在舞台上的艺术实践，所获得意想不到的成功，使大家领悟到"戏剧原来是采用这样一个绝妙的好办法"的诀窍，越发激起大家演话剧的积极热情。大家决心充分利用戏剧在社会上所起的作用和影响，以演话剧的形式，抨击不公平的社会，反对压迫、反对侵略，探索人生，寻求救国救民、振兴中华之道。

春柳社的成员们，于是大胆地选择了林纾、魏易根据斯托夫人的小说《汤姆叔叔的小屋》改编的《黑奴吁天录》。这部风靡一时的小说佳作，如果改编成舞台剧，大家深信作品中对迫害黑奴所给予的无情揭露，足能引起世界上主持正义的人们联想到帝国主义惨无人道地迫害华工的现实，必将引起公众舆论的支持和同情。

当春柳社再次排演话剧的消息一传开，在日本的中国留学生欧阳予倩、吴我尊、谢抗日等许多人踊跃参加，外国留学生罗奥等不同国籍的学生积极要求扮演角色，一时春柳社人员增加到 80 人之多。李息霜主动承担了舞台美术的全部设计工作；曾孝谷承担了小说到剧本的改编工作；藤泽浅次郎担任了导演工作。30 多名不同国籍的中外留学生，业余时间在庄石涛馆宿舍反复排演，经过三个月的努力与舞台合成，顺利地完成了任务。

李息霜为了扮演爱米柳夫人和醉客这两个角色，身穿用百余元订购的一套粉红色女式西装，头戴假发套，一个人在房子里一边做动作，一边照镜子，仔细观察自己将在舞台上表演的每个动作和表情是否符合人物的性格……李息霜这种认真严肃的态度，使大家深深佩服。与此同时，李息霜用工笔重彩精心绘制出来的《黑奴吁天录》戏报，更是引人注目。

戏报立意新颖，构图精巧，寓意深刻，它的独特的大幅画面，形象生动地高度概括了《黑奴吁天录》的全部剧情。在这一幅大图画的四周，李息霜布局完整、层次清晰地用大中小三种字体，端正地写明《黑奴吁天录》剧名；剧本著作主任和布景艺匠主任的姓名；"春柳社丁未演艺大会"的名称；演员及演员扮演的角色名单；五幕剧的分幕剧情；导演的姓名；演出的时间地点。

当《黑奴吁天录》戏报一贴出，就以极大的吸引力，促使日本各界报纸及时地报道了春柳社的剧讯。戏报所起的宣传作用，不但为春柳社赢得了更高的信誉，更为剧目公演争得了更多的观众。

丁未年（1907 年）六月初一、初二两日，是春柳社在东京本乡座剧场公演《黑奴吁天录》的日子。人们一吃过午饭就兴致勃勃地向剧场赶来。日本观众怀着对中国留学生演剧的好奇心，中国留学生们怀着赞助之心及欣赏的要求，每人手里拿着五角钱一张的票，找到指定的座位静等观看。不到一小时，剧场的 3000 多个座位已全部客满。尽管胸前佩戴粉红色徽章的中国留学生招待员已把"谢绝入场"的牌子悬挂场外，门口依旧挤满恳求入场的观众。招待员们只好在包厢的空地和座位的两廊，给那些无座的观众安排站立之地……

演出开始了，演员们怀着拯救民族危亡的爱国热情，怀着对黑人兄弟惨遭迫害的悲痛之感，深入剧情，进入角色……扮演解尔培之妻——爱米柳夫人的李息霜，身穿粉红色西装，自肩至颈边窈窕地动作着，"那种令人生爱的身段非常巧妙"，"体形和台步的姿势几乎完全成了西洋妇女"。大家在演出过程中表情丰富，感情真切，语言流畅，剧情的发展一环扣一环，演员的表演神态感人肺腑，动人心弦，全场观众的情绪随着剧中人物的喜怒哀乐，时而啼哭，时而微笑；全场观众的感情都随着剧中人物的命运，时而起伏，时而跌宕。

"汤姆门前的月色"这一幕，李息霜扮演"狂歌有醉汉，迷途有少女"中的跛醉客很有独创性；他设计的舞台布景和音响效果也极有独特风格。在凄凉的原野上，树木丛生，树丛旁边的栅栏小门便是汤姆叔叔的小屋，一弯明月悬挂在片片淡蓝色的云雾之中。暮色降临，舞台上四名醉汉正拿着酒瓶饮酒，醉态百出。当他们偶然发现有一位提琴乐师从前面走来，其中的跛醉汉立即上前揪住琴师的衣领强令奏乐。于是，跛醉客随着乐师弹奏的曲调，蹲着唱了一首中国的歌曲。此时，在舞台的深处隐隐传来伴随醉汉合唱的声音，阵阵狼犬的嚎叫之声也传入观众的耳中，演员的精彩演技，绝妙的音响效果，布景的溶溶月色，歌曲的委婉之声融为一体。使观众触景生情，倍生凄凉之感……每当剧情进行到绝妙之处，那些被好奇心驱使前来的日本各界观众，都身不由己地正襟危坐，对中国留学生的高超演剧水平顿生敬意，深表钦佩。而观众席上的中国留学生们的心情更加激动，他们情不自禁地为本国学生的演出艺术水平拍手叫绝，又为自己在日本看到用民族语言演出的戏剧而自豪。

全剧从解尔培之邸宅、工厂纪念会、生离与死别、汤姆门前的月色、雪崖之抗争等五幕剧的演出，大家一气呵成，形象地再现了 17 世纪美国实行种族歧视的悲剧，深刻揭示出黑奴在白人毫无人性的迫害之下，是怎样地觉醒，怎样地团结一致，如何起来反对种族歧视和民族压迫，最终杀死奴隶贩子而取得斗争胜利的全过程。全剧寓意深刻，发人深省，令人回味无穷……

《黑奴吁天录》演出的第二天，东京各界报纸（《每日新闻》《万朝报》《报知新闻》《都新闻》《朝日新闻》）都异口同声地发表了赞扬文章。它们对中国留学生利用业余时间，在舞台布景的设计、剧本的改编、舞台的调度、演员的表演等所达到的完美程度，给予了高度评价。日本土肥春曙在《戏剧记》一文中诚恳地说："……本人对票友的演技，起初总有些蔑视的心理。这是戏剧的常情；假如演技比预想的略胜一筹，往往会过分赞扬，而且愿意称赞也是自然的情感。我对各位先生的戏剧所以骤然深感敬佩的，也许有不少原因是出乎我预料之外。再者，各报纸的评论家们都齐笔称赞，也可能是出乎他们的意料之外。总之，各位先生这次的成绩，当然可以说是我国的票友戏所不能同日而语的。同时，不但远远超过了高田、藤泽、伊井、河合等那些新派剧的价值，其技术方面可以说也远胜于他们，这并不是过分的美言。"

《黑奴吁天录》在日本东京以"春柳社"的名义再次获得了演出成功。这是中国话剧史上自1899年11月上海基督教约翰书院至1906年天津南开学校演剧以来，在艺术实践上的一次重大突破。作为春柳社的组织者李息霜、曾孝谷不仅大胆地领导中国留学生将庞大的五幕话剧搬上戏剧舞台，并且调动了印度和日本的外国学生参加演出（扮演日本男女宾客、印度侯爵这类配角）。春柳社演出《黑奴吁天录》一剧，从思想性、艺术性、革命性方面所取得的成绩，在国内外所产生的巨大影响，对启迪被压迫民族起来反抗争取自由所起的社会作用，将成为中国话剧史上光辉的一页。

在辛亥革命即将爆发的年代，清朝统治集团惶惑不安，处于山雨欲来风满楼的态势。春柳社在中国驻日公使馆极力反对的情况下，坚持公演了《新蝶梦》《生相怜》《画家与其妹》《鸣不平》《热泪》《不如归》《金色起义》等独幕剧和多幕剧。中国留学生组成的春柳社在日本的演剧活动，在欧阳予倩等人以"申酉会"名义演出《热血》以后，遭到清廷驻日公使馆关于"谁参加演戏就取消谁的留学宿费"的禁令，才彻底终止。春柳社的寿命虽不长，但它在日本获得的赞誉，对国内话剧运动所起的巨大影响，将永远载入中国新文化运动的史册。

李息霜作为春柳社的组织者之一，深受同辈的崇敬。当时春柳社成员中年龄最小的欧阳予倩，在回忆日本这段演剧过程时，总是深有感触地说："老实说，那时候对艺术有见解的，只有息霜。"

鲁迅在北京高校任教时的"职称"

许锡强

  鲁迅在《自传》中说：他在北京教育部工作时，曾经"兼作北京大学、师范大学、女子师范大学的国文系讲师"；任教授是在到厦门大学和中山大学以后的事情。以鲁迅的学术造诣、教学能力和社会声望而论，是远远超过了当时众多所谓教授的专家学者的，为什么鲁迅在北京的高等院校里任教却只是讲师呢？

  原来，在20世纪20年代初期，北京的许多高等院校聘请教师有着这样的规定：凡是在其他学校和机关任职而在本校兼课的，称为教员（讲师）；在本校任专职教师的，则视其学术造诣等等，分别聘为教授或讲师。例如，曾经留学日本的钱玄同、周作人和未曾出国留学的刘半农、马叙伦等人，都因其不仅学术造诣深而且专职于北京大学，被聘为教授；相反，曾经留学欧美、对法律素有研究且曾担任司法总长的王宠惠以及罗文干等人在北京大学讲授法律课程，则都只被聘为教员（讲师）。

  20年代在北京工作的时候，鲁迅主要是在教育部工作，担任佥事和社会教育司第一科科长等职，在北京大学、师范大学和女子师范大学等校授课只是兼职，所以也只被聘为教员（讲师）。

这里应该补充的是：鲁迅也曾被北京女子师范大学聘为国文系教授。他本人在《大衍发微》一文中介绍自己乃"教育部佥事，女师大教授，北大国文系讲师，中国大学讲师"——自己介绍自己，是断不可能搞错自己的身份的！

既然那时一些北京高校聘请教师有这样的规定：凡是在其他机关、学校任职而在本校兼课的，聘为讲师——何以女师大又能够聘鲁迅为教授呢？

鲁迅是在 1923 年 10 月由女师大校长许寿裳聘请为讲师的。1924 年 2 月，杨荫榆女士继任校长，推行封建家长制式教育管理方法，于同年 11 月无故开除三名文科预科学生，又于次年 5 月 9 日开除刘和珍、许广平等六名学生自治会负责人，直接导致了著名的"女师大风潮"。鲁迅从一开始即全力支持学生驱杨运动，许广平即从此开始和他通信，后来成为他的终身伴侣。鲁迅除在《京报》《语丝》和《莽原》等报刊上发表大量声援杂文以外，还于 1925 年 5 月 12 日和 20 日两次为学生代拟呈教育部文，要求撤换校长；又于 5 月 27 日在《京报》上发表由他发起、拟稿并与周作人、钱玄同、沈尹默等六人共同署名之《对北京女子师范大学风潮宣言》，吁请社会声援。在女师大被强行停办后，鲁迅又发起并参加女师大校务维持会，主动提出增加自己一倍的授课任务，正像后人所回忆的："女师大校务维持会于 1925 年 8 月设立起，到 1926 年 1 月继任校长定人为止，鲁迅先生对于女师大，可以说是始终不懈、负责到底的一位最重要的校务维持会委员兼教员。"在广大社会力量的声援下，女师大于 1925 年 11 月宣布复校，原校务维持会的教育维持会主席易培基不久被推举为继任校长，于次年 2 月 1 日向鲁迅敬送由他签署的聘请书："兹聘请周树人先生为本大学国文系教授。此订。"

但这里还应注意鲁迅受聘女师大教授时的真实处境。因为支持驱杨运动，当时的司法总长兼教育总长章士钊以"结合党徒，附和女生，倡设校务维持会，充任委员"为借口，于 1925 年 8 月 12 日呈请段祺瑞执政府免去鲁迅教育部佥事职务，次日公布。对这一违法之举，鲁迅 10 日后提出控诉："……查校务维持会公举树人为委员，系在 8 月 13 日，而该总长呈请免职，据称在 12 日，岂先预知将举树人为委员而先为免职之罪名耶？……"结果鲁迅胜诉，教育部于次年 1 月 17 日发表"复职令"："兹派周树人暂署本部佥事，在秘书处办事。"之所以为"暂署佥事"，是因为由教育部呈请政府核准的命令尚未发表。平政院于 3 月 23 日宣布裁决结果：章士钊"呈请免职之处分系属违法，应予撤销"；国务总理贾德耀接着在 31 日"训令"教育部执行裁决，鲁迅正式官复原职。

由此可见，鲁迅被女师大改聘为教授，与他对女师大的特殊贡献和受聘时"暂署佥事"的特殊身份有关，前者含有破例的意味，而后者则又可视为按例而行，因为"暂署佥事"毕竟不是正式担任佥事职务。

胡适怎样待学生

————

刘永加

无私援助素昧平生的王瘦梅

20世纪30年代，胡适担任北京大学文学院院长，教授中国小说史。由于他博古通今，学识渊博，讲课生动风趣，因此很受欢迎。听课的不仅有北大国文系的学生，也有外系外校的学生，还有社会上的文史爱好者，甚至还有慕名而来的外国驻北平领事馆的外交人员及其亲属。后来成为学者和《申报》记者的王瘦梅当时是个搞文艺创作的青年，也常去听他的课。

王瘦梅家庭贫困，常常靠写点小稿子挣几个稿费维持生活。那时北平的报纸不多，一个无名小卒想发表文章并不容易。当时胡适以爱护青年、关心青年的成长而闻名，他主编的《独立评论》有时也刊登一些文艺作品。为此，王瘦梅给胡适寄去了一篇稿子，并附一封短信说明自己的处境，希望他帮忙修改一下，予以发表。

胡适

信发出后的第三天晚上，王瘦梅外出归来后，房东太太告诉他："有一位住在米粮库的胡先生坐着汽车来看你，我说你不在家，他就走了。不久他又打发听差送来一封信。"王瘦梅打开信后，首先看到两张十元钞票，信上说："来信和稿子都收到了。稿子不合本刊要求，确难发表，原稿退还。附送法币20元，暂维持生活。"王瘦梅没想到这样一位大学者能来看自己，非常感动。但他又想，自己只是在写作上求老师予以帮助而非向他寻求经济援助，所以将这20元法币拿到胡适寓所，托江冬秀还给了胡适。

大力栽培吴晗

吴晗，原名吴春晗，本来是胡适担任校长的上海中国公学学生，曾修过他教授的中国文化史。1930年3月19日，吴晗首度写信给胡适，向其请教关于研究法显《佛国记》的问题。而后，对于胡适考证《红楼梦》

吴晗及其夫人袁震

的成果，他也主动提供了一些补充资料。1931 年，在撰写《胡应麟年谱》时，吴晗求教胡适更加频繁，二人联系也更加密切了。靠着自己的学术表现，吴晗得到了胡适的青睐，在生活上也得到了他的关心。

胡适从中国公学到北京大学工作后，吴晗也于 1930 年秋来到北平，在燕京大学图书馆做馆员。他于 1931 年初夏写了一封信给胡适，5 月 6 日胡适复信说：

春晗同学：

我记得你，并且知道你的工作。

你作《胡应麟年谱》，我听了很高兴。

前年我曾推断胡氏"死时年约五十岁"（见我的《文存》三集页六三〇），但我的根据还很少，不过是一个假定而已。

今得你寻出吴之器所作传，考订他死在万历三十年，年五十二岁，与我的假定相差甚微。

但你信上在万历三十年下注"一五六二"是大错。不知何以有此误。此年是一六〇二。生年应是一五五一。

你的分段也甚好，写定时我很想看看。星期有暇请来谈。罗尔纲君住在我家中。

虽然罗尔纲也于 1930 年在中国公学毕业，但吴晗和他并不相识。吴晗接到胡适的信，就写信去上海请中国公学教授程仰之先生做介绍。收到程先生的介绍信后，吴晗就在一个星期天下午去找罗尔纲，由他带着去见胡适。

吴晗见了胡适，想请他让自己免考转入北京大学二年级。胡适当即对他说："入学考试，是国家抡取人才的大典，不得徇私。你考入北大后，费用我可以帮助。"

后来，吴晗因偏科严重未能考入北大，而是考入清华大学，罗尔纲把这个消息告诉了胡适。胡适知道吴很困难，立即取出 80 元叫罗尔纲送给吴晗交学膳费用，并于 8 月 19 日写了一封信给清华大学的负责人翁文灏、张子高。信中说：

咏霓、子高两兄：

清华今年取了的转学生之中，有一个吴春晗，是中国公学转来的，他是一个很有成绩的学生，中国旧文史的根底很好，他有几种研究，都很可观。今年他在燕大图书馆做工，自己编成《胡应麟年谱》一部，功力判断都不弱。此人家境甚贫，本想半工半读，但他在清华无熟人，恐难急切得工作机会。所以我写这封信恳求两兄特别留意此人，给他一个工读的机会，他若没有工作的机会，就不能入学了。我劝他决定入学，并许他代求两兄帮忙。此事倘蒙两兄大力相助，我真感激不尽。附上他的《胡应麟年谱》一册，或可观他的学力。稿请便中仍赐还。匆匆奉求，即乞便中示复为感。

弟 胡适 二十. 八. 十九

他的稿本可否请清华史学系、中国文学系的教授一阅？也许他们用得着这样的人作助手。

经胡适大力举荐，吴晗最后得清华大学允许进入史学系半工半读。

进入清华后，吴晗本来想研究秦汉史，当时担任清华史学系主任的蒋廷黻却希望他治明史，吴晗便写信将这些情况告诉了胡适。胡适于9月12日复吴晗一信说：

春晗同学：

你的信使我很高兴。蒋、张诸公之厚意最可感谢，甚盼你见他们时为我道谢。

蒋先生期望你治明史，这是一个最好的劝告。秦、汉时代材料太少，不是初学所能整理，可让成熟的学者去工作。材料少则有许多须用大胆的假设，而证实甚难，非有丰富的经验，最精密的方法，不能有功。

晚代历史，材料较多，初看去似甚难，其实较易整理，因为处处脚踏实地，但肯勤劳，自然有功。凡立一说，进一解，皆容易证实，最可以训练方法。

胡适接着在信中回答了吴晗询问的几个有关治明史的具体

问题。对研治明史的步骤，胡适也有详尽的提示，要他"应细细点读《明史》，同时先读《明史纪事本末》一遍或两遍。《实录》可在读《明史》后用来对勘"。胡适还说，在进行专题研究时，千万不可做大题目，题目越小越好，小题大做才能得到训练。

信写完后，胡适又附记了几句话：

> 请你记住，治明史不是要你做一部新明史，只是要你训练自己做一个能整理明代史料的学者。你不要误会蒋先生劝告的意思。

胡适把自己治学的看家本领和盘托出，并表明了自己对吴晗所寄予的厚望。吴晗读了这封情真意切的回信，感动且叹服，在回信里说："先生所指示的几项，真是光耀所及，四面八方都是坦途。"并立即将胡适的指示付诸行动："在上星期已托人买了一部崇文本《明史》，逐日点读。另外做了几千张卡片装了几只匣子，分为（1）人名（2）书名（3）记事三种，按类填写；比较复杂的就写上杂记簿，准备先把《明史》念完后，再照先生所指示的逐步做去。"

在胡适无私和精心的指导下，吴晗学业上突飞猛进，不到几年时间发表文章60多篇，后来果然成了一位著名的明史专家。

胡适的夫人江冬秀对丈夫的爱徒吴晗也是关心备至。抗日战争爆发后，吴晗要去云南大学做教授，便由罗尔纲带着去向师母江冬秀借钱。江冬秀一点都没犹豫，立即转身回房间去取了300元给吴晗，并说："这些我送给你啦。"不是亲眼所见，罗尔纲还不曾见过家庭妇女如此大方的。所以他认为师母江冬秀和老师胡适一样，也是个体恤人情的人。

罗尔纲（左）与谷霁光（中）等学者合影

倾心指导罗尔纲治史

1926 年，25 岁的罗尔纲从家乡广西贵县来到上海，先就读于浦东中学、上海大学，后来又求学于上海中国公学。品学兼优的罗尔纲，深得校长胡适的赏识。1930 年，罗尔纲毕业了，因为没有合适的工作，胡适便请他住到自己在极司菲尔路（今万航渡路）49 号甲的家里，后来胡适全家迁至北平地安门内米粮库胡同 4 号，罗尔纲也随同前往。他在胡家的任务一是辅导胡适的两个儿子读书，二是帮助整理胡适父亲胡铁花遗稿以及校正胡适的新编《聊斋全集》等。罗尔纲住在胡适家前后有五年，他说："我还不曾见过如此的一个厚德君子之风，报热诚以鼓舞人，怀谦虚以礼下人，存慈爱以体恤人；使我置身其中，感觉到一种奋发的、淳厚的有如融融的春日般的安慰。"胡适的关怀，令罗尔纲终生铭刻不忘。

1931 年除夕，胡适为了安慰只身在胡家的罗尔纲，把他叫到书房谈心，问他近来晚上做什么研究。罗尔纲在大学时对中国上古史曾经做过些探索，写了一篇《春秋战国民族考》。到胡适家后，他便打算根据这篇考证写一部《春秋战国民族史》，史料以《左传》为主，并引《世本》《竹书纪年》《国语》《战国策》《史记》，以及四书五经等资料。他把自己写成的两章请胡适看，胡适看了说："你根据的史料，本身还是有问题的，用有问题的史料来写历史，那是最危险的，就是你的老师也没有办法帮助你。近年的人喜欢用有问题的史料来研究中国上古史，那是不好的事。我劝你还是研究近代史吧，因为近代史的史料比较丰富，也比较易于鉴别真伪。"第二年，罗尔纲就走上了研究太平天国史的道路。

1936 年夏天，罗尔纲打算要研究清代军制，便寄信请胡适指教。胡适回信说：

> 关于清代军制事，鄙意研究制度应当排除主观的见解，尽力去搜求材料来把制度重行构造起来，此与考古学从一个牙齿构造起一个原人一样，这可成为"再造"工作。
>
> 研究制度的目的是要知道那个制度，究竟是个什么样子；平时如何组成，用时如何行使；其上承袭什么，其中含有何种新的成分，其后发生什么。如此才是制度史。
>
> 你的《新湘军志计划》，乃是湘军小史，而不是湘军军制的研究。依此计划做去，只是一篇通俗的杂志文章而已。其中第二、三、四章尤为近于通俗报章文字。

我劝你把这个计划暂时搁起，先搜集材料，严格的注重湘军的本身。

接下来胡适在信中列出了十条具体的研究建议。信的最后胡适谦虚地说："我是门外汉，所见如此，不知有可供你考虑的吗？"

后来，罗尔纲《湘军新志》和《绿营兵制》就是按照胡适的要求完成的。1986 年 11 月在北京召开的中国近代军事史学术讨论会上，与会专家对这两部书给予高度评价。美国学者拉尔夫尔·鲍威尔认为《湘军新志》"对充分了解晚清军事制度和权力结构的本质极其重要"，并称罗尔纲为"中国军事历史学家"。

胡适

胡适对罗尔纲的家人也格外关心。1935 年 2 月，胡适把罗尔纲的妻子陈婉芬和儿子接到北平，让其一家团聚。陈婉芬在家乡买了一只专食野食的野狸腊干送给了江冬秀，胡家要将其作为珍品宴请名流，但厨师不懂得做法。野狸有臊气，必须先把甘蔗的糖分煮出来，再用甘蔗片做底，然后把野狸放下锅去浸，浸得不够臊气除不尽，浸得太久野狸的真味就要减低，所以非熟手不可。陈婉芬在家乡做过多次，很娴熟，那天就去胡家厨房帮手。胡适觉得低亏了陈婉芬的身份，心里不安，就特地为她和江冬秀一同拍了张照片。这情景不但是罗尔纲在胡家多年所不曾见过的，就连胡适的小儿子思杜见父亲拿起照相机，也感到奇怪说："爸爸今天照相哪！"

江冬秀对罗尔纲也非常关心。罗尔纲刚到胡家时，在上海都是穿一条卫生裤，随胡适一家到了北平后，根本抵不住北方的冬寒，江冬秀便立刻给他缝制了一条厚棉裤。罗尔纲到北平还穿着在上海多年的外衣，江冬秀又把胡适的皮衣拿给他穿。罗尔纲妻儿来北平后，江冬秀好似母亲一样教导他妻子说："用一瓢水都要节省。"后来罗尔纲妻子流产，江冬秀又找医院，又找保姆来待候她，可谓关爱有加。

在 20 世纪的大哲中，胡适有着独立的人格、爱国主义情怀以及待人处世的雅量。他的人格魅力正如他的墓志铭写的那样："这个为学术和文化的进步，为思想和言论的自由，为民族的尊荣，为人类的幸福而苦心焦思、敝精劳神以致身死的人，现在在这里安息了！我们相信，形骸终要化灭，陵谷也会变易，但现在墓中这位哲人所给予世界的光明，将永远存在。"

徐悲鸿三赴上海

荣宏君

一赴上海

在徐悲鸿早期的传记中，很少有人提到这段经历，直到我读了20世纪30年代《良友》杂志上刊登的《悲鸿自述》一文后，才对徐悲鸿一赴上海稍作了解。

徐悲鸿是江苏宜兴人，1895年生于一个书香之家，父亲徐达章是方圆百里有名的画家，徐悲鸿自小就与翰墨结缘。徐达章先生有一幅著名的《松荫课子图》，画中少年正认真读书，旁边老者手持羽扇在少年身后凝神谛听，整幅画形象逼真地刻画出幼年悲鸿发奋攻读的情景。

徐悲鸿虽非生于大富大贵之家，但渔樵耕读、诗书传家的门风却也使少年悲鸿生活得多姿多彩，后来徐悲鸿的父亲突然病重，作为家中长子，徐悲鸿开始挑起生活重担。由于他绘画才能出众，小小年纪便名动乡里，常为亲朋好友作画。父亲卧床养病，17岁的徐悲鸿分别去宜兴初级女子师范、始齐小学、彭城中学应聘国画教师，均被录取。于是悲鸿开始身兼三职，在三个学校之间来回奔走，往往是天蒙蒙亮便开始动身，每日奔波近百里，常常数过家门而不入，生活使少年悲鸿开始体味人间的世态炎凉。

当时正值 1911 年，辛亥革命的思潮暗流涌动，上海作为中国经济文化的重镇，传播新思想的报纸杂志如雨后春笋般出现，江苏宜兴靠近上海，所以能够在较短时间内阅读到上海的报纸杂志。

一天，徐悲鸿在一份《时事新报》上读到一则征稿启事。兴之所至，就给报社寄去一幅新作——《时迁偷鸡》。《时事新报》是中国最早的出版机构商务印书馆主办的。主持人张元济，清末秀才，一位开创中国出版业的元勋。张元济在一大堆画作来稿中，看到了《时迁偷鸡》，觉得这幅画非常有趣，画中的人物乡土气息浓郁、鲜活，他非常喜欢，于是大笔一挥，给了这幅画二等奖。这个小小的奖项如同暗夜里的烛光，照亮了徐悲鸿对未来世界的向往之路，于是上海那片充满生机与活力的城市开始召唤少年悲鸿。1912 年的一天，徐悲鸿第一次迈出了宜兴这块土地，来到大上海。据《悲鸿自述》中说，他第一次看到真的虎豹，并目睹了大上海的繁华与兴盛。这一次到上海，按今天的看法只算作一次短暂的旅游，并非金宝山先生文中所讲，经友人介绍认识了吕凤子，并向他学习西洋画，徐悲鸿的求学是从第二次到上海开始的。

二赴上海

1912 年，从周湘布景画传习所结业的刘海粟再次来到上海，与好友乌始光谋划未来。时值洋务运动在全国轰轰烈烈地展开之时，西学东渐，尤其是青年一代对民主科学及新文化的追求异常强烈。政体新旧变换，新思想、新文化次第涌现，诸多教育机构、文化团体也开始粉墨登场。刘海粟、乌始光等创办的上海图画美术院开始在《申报》上刊登广告。第一次招生广告刊登于 1913 年 1 月 28 日，末次招生广告为 2 月 16 日，招生广告说："专授各种西法图画及西法摄像、照相、铜版等美术，并附属英文课。讲义明显，范本精良，无论已习未习，均可报名。"正是看到第二期的这则广告，徐悲鸿决心到上海学习西画。

由于资金有限，上海图画美术院办学伊始，异常简陋，教学也极不严谨，徐悲鸿所报的是图画院的选科，教学效果更不理想，师资力量也非常薄弱，甚至一次课堂上老师竟拿徐悲鸿的几幅习作做讲义，徐悲鸿看自己实在学不到什么东西，两个月后便选择不告而别又回到了宜兴，继续担任彭城中学和宜兴女子师范的图画教员。

徐悲鸿二赴上海求学以失败告终，但理想的火种已在他心中开始点燃，对新生活和新艺术的追求使他不再可能囿于一乡，于是就有了 1915 年的三赴上海。

三赴上海

1914 年，徐悲鸿 19 岁，父亲病故。徐家家徒四壁，连父亲入殓的丧葬费都凑不出，于是他写信向一位做药材生意的长辈借了 20 块银圆。在《悲鸿自述》中，徐悲鸿写道："先君去世，家无担石，弟姊众多，负债累累，念食指之浩然，纵投身何济……"由此可见，徐悲鸿心情之沮丧和生活的无助。1915 年夏天，徐悲鸿决定辞去教员一职，到上海半工半读，寻求提高自己绘画技艺的机会。

临行前宜兴女子师范学校国文教授张祖芬先生赠句于他："人不可有傲气，但不可无傲骨。"这句话影响了徐悲鸿的一生，也是徐悲鸿从艺做人的真实写照。

徐悲鸿到上海后，经同乡徐子明教授的介绍，得识复旦公学校长李登辉。尽管李登辉很欣赏徐悲鸿的画，但看他形容消瘦，面相较小，就对别人说："此人完全是一个小孩，岂能工作。"因此拒绝为徐悲鸿提供工作的机会。

徐子明教授又介绍徐悲鸿去找商务印书馆《小说月报》的恽铁樵，盼望能找一份为杂志内页画插图的工作。谁知找这份工作也是一波三折，虽然工作最后也没有落实，但他却因此结识了来到上海后的第一个好友黄警顽，并与黄结成了一生的朋友。在黄警顽的热心帮助下，徐悲鸿不但克服了生活上的困难，而且还得识了上海布景画传习所的著名画家周湘，黄警顽在《记徐悲鸿在上海的一段经历》的文章中写道："那时，上海有一位名叫周湘的油画家，是江苏嘉定人。周湘看上去还不到50岁，两个人第一次见面就一见如故，畅谈了一个下午，第二次拜访时，他带了自己的八幅中国画和西洋画，周湘很赏识这些作品，说表现技术已经具备成功的条件，只要再下苦功，在不久的将来，一定成为一鸣惊人的画家，周湘对欧洲美术史、法国和意大利的各派绘画大师的生平和作品都非常熟悉，谈了很多，他让徐悲鸿欣赏了他的收藏和历年作品，使这位青年人大开眼界。"周湘后来曾把一套四本的西洋画册送给徐悲鸿，正是与周湘的交往使徐悲鸿心中萌生了学习法文、去欧洲留学学习西画的愿望。

正是徐悲鸿第三次赴上海，翻开了他人生新的一页。徐悲鸿在这里结识了康有为、陈三立、蒋梅笙等社会贤达，从这里出发到法国留学八年，完成了他人生的重大转变，也奠定了他在中国近现代美术教育史上的领导地位，并成就了一代美术大师。时至今日，其艺术成就依然在中国乃至世界范围内产生着广泛而深远的影响。

丰子恺和他的缘缘堂

———

李家平

　　提到著名文学家、艺术家、教育家丰子恺，就不能不提到"缘缘堂"。缘缘堂是丰子恺寓所的名字，随主人居所转换，缘缘堂也在迁动，名实相副，缘缘堂确与丰子恺有着不解之缘。

　　1925 年秋，丰子恺随立达学校从上海老靶子路迁至郊外的江湾，次年初搬永义里居住，这时他的第一本画集，也是中国的第一本漫画集《子恺漫画》刚由文学周报社出版。8 月，丰子恺的业师李叔同（弘一法师）云游至上海，便在永义里丰家下榻。丰子恺请老师为其寓所命名，法师让他在小纸片上写些与佛教有关且能相互搭配的字，揉成团撒在释迦牟尼画像前的供桌上，取阄两次（1918 年李叔同出家，丰子恺追随老师笃信佛教，号"子恺居士"）。丰子恺遵命，偏巧两次取阄都取到"缘"字，这便是缘缘堂的来历。寓名既定，法师当下题写了横额。不久，丰子恺第一本音乐理论著作《音乐入门》又问世，此书深受读者欢迎，发行达数十年之久。1928 年，弘一法师第三次下榻丰宅，正值丰子恺 30 岁生日。是日于永义里缘缘堂楼下举行仪式，丰子恺从弘一法师皈依佛门，法名"婴行"。这一年丰子恺送妻子徐力民回浙江崇德石门湾的老家侍奉母亲，见老宅门坍壁裂，衰颓不堪，遂起了造房的念头。其实他的母亲早有此心，很早就在老屋后买下了房宅地（后缘缘堂即建于此），但土木之工不可擅动，母亲深知此事不易，故从未向外张扬。老人也不愿刚有稳定收入的儿子冒险破土，旧时乡间就有因盖房而败了家业的。1930年丰子恺迁居嘉兴，一年多后又回到故乡，旋迁上海法租界，最后转回江湾永义里，缘缘堂也跟随主人几度迁徙无定所。此间，他第一本散文集，也是其文学代表作之一的《缘缘堂随笔》问世，他的文学创作开始进入辉煌时期。

1932年末，丰子恺如愿以偿，终于在家乡建房，此时母亲钟氏已去世两年。1933年春，石门湾缘缘堂落成，这是一幢向南三楹的二层楼，宽敞明亮，朴素大方。一楼正厅端挂着马一浮写的"缘缘堂"堂额，其下为吴昌硕所绘老梅中堂，画两边挂有弘一法师写的对联"欲为诸法本，心如工画师"；东室为饭厅，连着走廊、厨房；西室是书斋，四壁皆是图书，内放风琴并挂有弘一法师手书长联及丰氏写的小联。楼上数间为寝室，西端为佛堂。丰子恺在这里度过了一段极安定愉快的时光。天暖，堂前堂后花果繁茂；天寒，室内终日阳光充沛。膝下儿女绕，炉边茶香飘。丰子恺一面尽享天伦之乐，一面辛勤著书作画，这时他已辞去教职，专事创作了。

纵观整个缘缘堂时期（包括永义里等），丰子恺11年间共出版各类著译50种，几占其一生著作的三分之一，内容涉及文学、美术、音乐及艺术理论等领域，这是丰子恺事业上的一个辉煌壮丽的时期。值得注意的是，丰子恺的文学创作与他在美术、音乐等方面的成就比，稍稍晚熟。进入石门湾缘缘堂时期，随着人生阅历的丰富加之生活上的安定，丰子恺的散文创作经过艰苦的艺术磨炼，以其独特风格大放光彩。石门湾缘缘堂时期，丰子恺连续推出了《随笔二十篇》（1934年）、《车厢社会》（1935 年）、《缘缘堂再笔》三部力作，加上嘉兴缘缘堂时的《缘缘堂随笔》，这脍炙人口的"战前四册"，初步奠定了丰子恺这位散文大家在中国文坛上的地位。

丰子恺住进新楼，却依然怀恋过去的老房，常于梦中回到旧宅。他尤为难过的是，最初筹划建房的母亲已长眠地下，每当想到过世的父母未能住进缘缘堂，丰氏就痛苦非常，觉得建缘缘堂乃至人生都没有意义了。抗战爆发不久，日军进攻上海，丰子恺从杭州回到缘缘堂，仍天真地痴望生活平静。但很快日寇的炸弹就落到石门湾，炸弹着陆点距缘缘堂仅十几米。丰子恺当夜携眷出走。数日后他又趁夜晚潜回缘缘堂，空室内唯见饿猫饿狗蹲卧，不由黯然神伤。他拣了几册珍版书装入行囊，在原本要终老此生的缘缘堂住了最后一晚，悄悄离去。后来在逃亡途中，得知缘缘堂在炮火中化为灰烬，家人失声，丰子恺却异常平静，慨然上路。可是他心中所受的打击是难以想象的。缘缘堂本是一座艺术宝库，万余册古今图书和大量珍贵字画不幸毁于一旦，叫丰子恺深感世事无常，从此后他不喜收藏，转为好赠乐与了。不过丰子恺没有屈服于日寇的暴行，他积极投身抗战，以他的"五寸不烂之笔"对抗暴敌。这位从来谦和慈善的学者坚定地表示："在最后胜利之日，我定要日本还我缘缘堂来！"并从其宗教思想引申，喊出了"以杀戒杀"的最强音。

抗战胜利后，丰子恺回到故里，站在缘缘堂的废墟上凭吊了昔日的美好家园，并作《胜利还乡记》记之。1946 年定居杭州，1950 年定居上海，直至去世，丰子恺不再用"缘缘堂"给寓所命名。然而他不曾把缘缘堂须臾忘怀。1962 年，他从报刊上收集了自己近年发表的随笔编选成册，定名《新缘缘堂随笔》；1972 年在政治高压下，他偷偷写下不少散文，书名拟定《缘缘堂续笔》。在丰子恺心底，缘缘堂永恒不倒。在他的万千读者心底，缘缘堂永恒不倒。

先父闻一多二三事

———

闻立雕

　　父亲是 1899 年 11 月 24 日出生的，到今年 11 月 24 日恰好是 100 周岁。他生前身体还是蛮不错的。1938 年那年，硬是和临时大学（抗战爆发后，北大、清华、南开三校奉命迁长沙，组成临时大学）200 多名同学从湖南步行走到了云南昆明市，历时 68 天，行程 1600 多公里。临上路时，老朋友杨振声曾开玩笑说："一多加入旅行团，应该带一具棺材走。"结果父亲不但和同学们一起胜利到达，而且一次小病也没有得过，没找随队医生要过一次药。像他那样的身体，如果没有意外，不敢保证能活 100 岁，但活个 80 岁，乃至 90 岁大概是没问题的。可恨国民党特务的罪恶子弹，在他刚过 47 周岁时就结束了他的生命，至今仍令我们思之痛心无比！

　　父亲离开我们已经半个多世纪，然而他的音容笑貌却像钢铁一般浇铸在了我的脑海之中。

对中华文化情有独钟

父亲是人所共知的爱国诗人、爱国学者。

他不仅爱祖国的山川、草木、花鸟、屋宇，爱祖国勤劳智慧的人民，而且酷爱祖国悠久的文化。他曾说："我爱中国固因它是我的祖国，而尤因它是有它那种可敬爱的文化的国家。"

我们家是书香门第，太祖主家时家里有自己的私塾学堂，有名曰"绵葛轩"的藏书楼，读书空气甚浓。父亲在这种环境里长大，也养成了孜孜好学的习惯及对古诗文的浓厚兴趣。不仅很早就读了《三字经》《幼学琼林》《尔雅》《四书》等，而且晚上还随祖父学习《汉书》。祖父曾因他能将书中内容与自己平时所见所闻加以联系对比而大为欢喜，从此"每夜必举书中名人言行告之"。

1912 年夏，父亲考入清华后，课余还下了很大功夫自修古籍。清华每年放两个月的暑假，父亲暑假回家也不休息，而是终日在书房中埋头阅读古籍。1917 年，他曾在该年级级刊《辛酉镜》上写了一篇小传——《闻多》（按：这是父亲当时的名字），小传对他暑假在家读书有一段生动的自述：

> 每暑假返家，恒闭户读书，忘寝馈。每闻宾客至，辄踧踖隅匿，顿足曰："胡又来扰人也！"所居室中，横胪群籍，榻几恒满。闲为古文辞，喜敷陈奇义，不屑屑于浅显。

清华是用美国退回的部分庚子赔款办起来的留美预备学校，学校里从校舍建筑至课程设置、规章制度等均仿照美国那一套，其指导思想就是重洋轻中。英语不及格必须留级；中文课内容少，分量轻，成绩优劣无所谓，不及格也照样可出洋留学。清华如此，当时社会上也有类似情况，有些学校受西化、洋化思潮的影响，中文课的地位亦日趋下降。父亲为此很担心，也非常痛心。在《论振兴国学》的文章中，连连呼喊："呜呼！痛孰甚哉！痛孰甚哉！"号召清华的同学们"踞皋高吟"，齐心努力"葆吾国粹，扬吾菁华"。

受学校领导重洋轻中指导思想的影响，清华同学中有些人对中文系也满不当回事，轻者敷衍应付，重者调皮捣蛋，嬉笑胡闹：有的在课桌里放个青蛙，吓唬老师；有的跳窗逃课；有的出溜到桌子底下打盹睡觉；有的甚至在老师宣布考试，在黑板上刚把题目写出来，就公然叫骂："混账嘛！出这些哪能做得完……"父亲对这种状况很看不顺眼，专门写了一篇《中文课堂底秩序底一斑》，发表在《清华周刊》上予以批评谴责。"在英文课堂讲诚实、讲人格，到中文课堂便诵骗欺诈，放僻嚣张，丑态恶声，比戏园、茶馆、赌场还不如……这样还讲改良、讲自治，不要愧杀人吗？"

1922 年夏，父亲从清华毕业到美国专攻美术。留学期间看到，有些中国留学生竟然数典忘祖，忘记了自己是个中国人。对这种人他内心十分鄙视。1923 年 9 月 12 日，他在给弟弟闻家骊的信中说：

> 我自来美后，见我国留学生不谙国学，盲从欧西，致有怨造物与父母不生之为欧美人者，至其求学，每止于学校教育，离校则不能进步咫尺，以此虽赚得留学生头衔而实为废人……我家兄弟在家塾时辄皆留心中文，先后相袭遂成家风，此实最可贵，吾等前受父兄之赐，今后对于侄亦当负同等责任，使此风永继不灭焉。

后来，抗日战争期间，有一度父亲只身在长沙，母亲带着我们兄弟姐妹为避敌机轰炸，回到了浠水巴河我们老家。回到老家挨炸的危险是没有了，然而我和哥哥上学却成了问题，不仅我们村子没小学，数里之内的其他村子也没有。在这种情况下，父亲给祖父写信，建议教我们学《四书》。信中说：

> 男意目前既不能学算术，则专心致力中文亦是一策。唯欲求中文打下切实根底，则非读《四书》不可。在平时同事孔云卿、刘寿民二君皆令其少君读《四书》，殊有见地。男意鹤雕亦当仿效。曾见坊间有白话注解本，可购来参考，以助彼等之了解。纵使书中义理不能真实领会，但能背诵经文，将来亦可终身受用不已。

过了两天，父亲怕不落实，又在给哥哥和我的信中询问："上次写信给祖父，请教你们读《四书》，不知已实行否？"他还特别语重心长地对我们两人说："在这未上学校的期间，务必把中文底子打好，我自己教中文，我希望我的儿子在中文上总要比一般强一些。"父亲这些话是1938年5月讲的，其精神与当年留美时所说的要重视中文，并使此家风永继不灭的思想完全是一致的。不仅言辞恳切，对我们寄予厚望，而且充分说明了中文在他心目中分量有多重。

留美的后期，他曾经在致好友梁实秋的信中讲道：

> 我国前途之危险不独政治、经济有被人征服之危险，且有文化被人征服之祸患。文化之征服甚于他方面之征服千百倍之。杜渐防微之责，舍我辈其谁堪任之！

在这里，他对祖国的文化已经不仅是爱不爱的问题，而是意识到了自己的责任，自觉地要充当文化卫士，要捍卫和弘扬我们祖国的伟大而悠久的文化了。当然，这也是爱，是更高层次的爱，或者说是爱的至高表现。父亲早就有心回国后致力于我国古代文学的教学与研究工作。这封信里的想法，促使他更加坚定了放弃美术、从事文学的决心。后来，他果然经过不太长的过渡时期，就转而全力专攻中华古代文学了。

父亲如此重视和偏爱国学，他是不是拒绝或排斥外来文化呢？非也，他丝毫没有这个意思。他只是强调"我要时时刻刻想着我是个中国人"，要求二者很好地相互结合。他说：

> ……我要时时刻刻想着我是个中国人，我要做新诗。但是中国的新诗，我并不要做个西洋人说中国话，也不要人们误会我的作品是翻译的西文诗。

1935年父亲在《悼玮德》一文中，进一步发挥了他这种经纬织锦的思想，他说："谈到文学艺术，则无论新到什么程度，总不能没有一个民族的本位精神存在其中。"又说："技术无妨西化，甚至可以尽量西化，但本质和精神却要自己的。"当时他说也许有人会说他这种主张实际上就是张之洞的"中学为体，西学为用"，父亲说："对了，我承认我对新诗的主张是旧到和张之洞一般。"

诗化家庭

父亲喜爱中华文化，而中华文化的一个重要组成部分就是诗。他小时候读唐诗，后来研究唐诗，研究《乐府》《诗经》《楚辞》，他的一生可以说和诗分不开。

父亲不仅自己对诗情深意浓，而且常用诗来感染和熏陶自己的家庭成员。他把这项工程称为"诗化家庭"。1922 年 6 月，他毕业留美之前回浠水巴河老家住了一小段时间，他写信告诉梁实秋说："归家以后，埋首故籍……暇则课弟、妹、细君及诸侄以诗，将以'诗化'吾家庭也。"

所谓"诗化"家庭就是父亲给家里人讲唐诗，大家跟着学，学而后背，做到全家人个个都懂点诗，个个都能背一些诗。这样既能增长学识，又能陶冶情操，使全家人的整体素质都能有所提高。父亲当时所谓的"诗化"家庭是指以我祖父母为核心的那个大家庭，至于他自己的小家庭则是十多年以后才诗而化之的。

1938 年 1 月，临时大学因战局再度恶化再迁昆明，改名国立西南联合大学。4 月下旬父亲随旅行团到达昆明，8 月下旬母亲带领我们兄弟姐妹匆匆逃离湖北，来到昆明和父亲相聚。次年夏，父亲获得为期一年的轮休假。当时敌机轰炸十分猖獗，为安全计，父母亲商定这一年搬到距昆明 40 公里远的晋宁县去住。

晋宁的县城不是很大，城中心有一座古色古香的钟鼓楼，东、西、南、北的街呈十字形从楼下穿过。我们家住在北门街上一家的二楼，只要不是赶街子（内地之赶集）之日，平时相当清静。

由于是休假，没有授课任务，晋宁县离昆明又相当远，很少有客人来访，因而父亲的时间比较宽裕，每天除了看书、进行预定的专题研究之外，还可以拨出一定的时间用在我们子女身上（平时是很难得的），于是，他抓住这个机会开始"诗化"自己的小家庭。

那真是一些令人难忘的日日夜夜，至今每当我们想起父亲眉飞色舞地逐字讲解诗句的神情或倚靠在床头、闭着眼睛、慢慢捋着胡须聆听我们背诵唐诗的情景，都无不倍感温馨幸福！

父亲选讲的唐诗，有短的，也有长的；有抒情的，也有写实的。短的一次就可讲完，长的往往要好多天才能讲完。大概是湘黔滇 3000 里步行时沿途各族群众饥寒交迫的惨状给他的印象太深，也可能是身居农村，不时出现在他眼前的衣衫褴褛、骨瘦如柴的村夫村妇和儿童引起了他强烈的同情心，他所选讲的唐诗，大多是关系国家兴亡盛衰和人民艰难困苦、备受煎熬之类的诗，如《卖炭翁》《茅屋为秋风所破歌》《长恨歌》《兵车行》《琵琶行》等。

父亲研究唐诗长达 20 多年，对诗人所处的时代，诗人的生平、阅历、社会交往等都异常熟悉；同时，他又是文字学专家，对每个汉字的本义及其沿革演变都有深刻的研究和理解，所以讲起诗来特别能深入浅出，既传情，又传神，非常生动感人。

父亲是个情感非常丰富、工作起来精神非常专注投入的人，他讲诗常常讲得出神入化，连自己也逐渐融化到诗情诗景中去了，诗的主人公就是他，他就是诗中的主人公。他的感情和音调随着诗情的喜怒哀乐而跌宕起伏，时而激昂兴奋，时而低沉婉转，常把我们的感情也调动得时喜时怒时哀时呆。当我们听到"满面尘灰烟火色，两鬓苍苍十指黑"的卖炭翁辛辛苦苦烧出的 1000 多斤木炭，竟被两个蛮横的小衙役以极少的代价强行换走时，我们一个个都气愤得咬牙切齿。

《琵琶行》的听讲，也是在我们记忆中留下极为深刻印象的几页。这是一首长诗，父亲是分几次给我们讲完的。他一边充满激情地吟诵诗句，一边对诗句作出通俗的讲解，有时候还要对当时的背景或重大历史事件的展开做些介绍和评论，使我们不但能听懂、看懂某一首诗，而且学到大量历史知识和社会知识。

白居易的绝代佳句，再加上父亲朗诵讲解的激情，使我们一个个听得如痴如醉，呆若木鸡。父亲成年伏案阅读、写作，双腿不免时感僵硬酸胀，常需有人帮助捶捶腿。他靠在床头上给我们讲诗时，我们兄妹几个就轮流给他捶腿。有时父亲讲到精彩处，我们听得出神，竟然听着听着把捶腿也忘记了。待到父亲讲完"凄凄不似向前声，满座重闻皆掩泣。座中泣下谁最多，江州司马青衫湿"几句时，我们几个也都感动得鼻子发酸了。

听讲解仅仅是父亲"诗化家庭"的一半，另一半就是要我们熟读善背。他告诉我们只有能背诵，印象才能更深。

为了督促我们背诵，父亲还规定了惩罚制度——背不下来的要多为父亲捶 100 下腿。这一下难为了我，哥哥与弟弟妹妹似乎记忆力特别好，几天之后，他们都能比较流畅地背下来，而我要么在同样的时间里背得结结巴巴，要么需比他们多几天才能过关。自然我不得不为此多为父亲捶若干下腿了。不过，父亲也曾夸我"记性虽差，但悟性较强，理解得比较好"，这使我多少也得到一些自我安慰。

除了教我们读唐诗之外，父亲在这一年里也给我们讲解过一些古文，如《史记》中的《项羽本纪》《刺客列传》等，这些虽然不是诗，但从父亲给我们讲解的意图和作用来说，也可归入"诗化"之列。

通过那些绝代佳作的学习，也培养了我们对文学艺术的兴趣和欣赏能力，特别是无形之中使我们的心性受到了熏陶、情操得到了陶冶，当我们陶醉在那些精妙绝伦的诗句或篇章中时，我们的心胸似乎更开阔了、心灵似乎渐趋净化了。回想起来，我们生活在父亲的身边是多么幸福啊！

最后也是最最重要的是通过"诗化"，使我们开始懂得了爱与憎。《卖炭翁》激发了我们对卖炭老者的深切同情，对盘剥人民者的憎恨；《茅屋为秋风所破歌》一面让我们看到了当时人民的艰难疾苦，一面使我们从"安得广厦千万间/大庇天下寒士俱欢颜/风雨不动安如山/呜呼！何时眼前突兀见此屋/吾庐独破受冻死亦足"等诗句中看到了诗人的博大胸怀、崇高的精神境界，内心不由得万分钦佩感动。

"对功课太认真了是不好的"

1946 年 5 月，父亲应我小妹的要求，给她写了一页题词。题词的内容一共两句话，21 个字，即："对功课太认真了是不好的，因为知识不全在课本里。"

小妹为什么要父亲题字？父亲为什么写了这么两句话？事情还得从我们即将离昆返平说起。

抗日战争胜利后，国民政府教育部决定结束西南联合大学，北大、清华、南开分别迁回北平、天津。经过半年多的准备，从 1946 年 5 月起，三校师生开始陆续分批离昆北上。西仓坡联大教职员工宿舍里家家户户都忙着收拾东西，清理衣物，打包的打包，变卖的变卖，带不走、卖不掉的就扔，大人们忙得不可开交。

孩子们也没闲着，和老师们、同学们相处数年，一旦要分别了，很有些依依不舍，各班各级有的开惜别联欢会，有的照集体相，同学们之间都拿个小本本互相题词留言，以作纪念。小妹看见别的同学有纪念册，也想弄一本。但我们家经济困难，买不起正式的纪念册，母亲便收拾了一些红红绿绿的废纸，给小妹钉了个本本代替。小妹拿着也挺高兴，第一个就要父亲题字。父亲最喜欢这个么妹子，虽然特别忙，还是欣然答应了。他拿起毛笔在砚台上一边慢慢搋着，一边思考。他想起小妹前天大哭了一场，为的是往年算术都考第一，今年第一却让别的孩子夺走了，难过得痛哭起来。想到这里便写了那两句话，意思大概是想劝小妹别把成绩看得太重，别太伤心。

那时，我们家人口多，住房又小又少，我不得不常年住在学校里。父亲题字那天我不在家，事后也没人对我说起，直到 20 世纪 80 年代才看到这份题词。当时是又高兴又惊异。

高兴的是我们家经过两次"倾家荡产"(一次是父亲殉难后,全家离昆明回北平;另一次是1948年母亲率我们离北平进解放区),这张小小的题词居然神奇地保存了下来,真是太珍贵了;惊异的是没想到父亲题写了这么两句话。这两句话同他自己几十年来嗜书如命、读书如痴、埋头书案、潜心治学的态度及历来对我们的要求相比,变化太大太大大了!

父亲读书之认真,几十年来一贯如是。小时候看书专心到蜈蚣爬到脚脖子上都没感觉,别人上去替他掸下来,他反倒埋怨别人干扰了他看书;抗战初期,联大文学院暂时设在蒙自县时,他和部分先生住在楼上,除吃饭、上厕所外,他是整天钻进古书堆里,一步也不下楼,以至朋友们送他一个雅号,叫作"何妨一下楼主人"。

那时候父亲对我们要求也很严,经常要求我们用心读书。有一次,他见哥哥的信写得好,很高兴,回信时又表扬又鼓励,说:"你渐渐能懂事了,并能写信,我很快乐。从此你更应用心读书写字,并带领弟妹们用功。如此,你便真是我的好儿子。"有时他还要求祖父母对我们严加督责,要我们"务当严格做功课"。

此刻父亲竟然转了180度,说"对功课太认真了是不好的"。

这是怎么回事呢?1946年2月22日,父亲在给我三伯父的信中对他近两年的思想变化,做了简要说明,从中亦可悟出他讲对功课不要太认真的道理:

> 曩岁耽于典籍,专心著述,又误于文人积习,不事生产,羞谈政治,自视清高。抗战以来,由于个人生活压迫及一般社会政治上可耻之现象,使我恍然大悟,欲独善其身者终不足以善其身。两年以来,书本生活完全抛弃,专心从事政治活动(此政治当然不指做官,而实即革命)……总之,昔年做学问,曾废

寝忘餐，以全力赴之，今者兴趣转向，亦复如是，近年上课时间甚少（每周只4小时），大部分时间，献身于民主运动……

父亲在信上讲，上课的时间很少，事实上此时仅这很少的上课时间，他也不是把重点放在传授古典文学知识上，而是把课堂变成了传播真理、鼓舞同学们起而斗争的阵地，而是借古喻今、借古讽今，启发同学们对人民的爱，激发同学们对反动派的恨。

有一次，他甚至一跨进教室就怒气冲冲地发起火来，痛斥蒋介石专制独裁，猛烈抨击国民党官员贪污腐败、物价暴涨、民不聊生等，以至于下课的钟声响了，他还没讲一句课文。这件事，当时亲身听了这堂课的朱鸿运在《路见不平义愤填膺——回忆闻一多先生的一堂〈庄子〉课》一文，专门做了较详细的追述。

原来父亲来校途中看到了一老一少两具受冻挨饿而死的尸体及美军吉普横冲直撞、美国兵喝醉了酒在大街上令人作呕的丑态等，压抑不住内心的怒火，一跨进教室便不由得冲口而出发泄了出来。

1945年8月15日，日本刚刚宣布无条件投降，蒋介石立刻就密谋策划，准备发动内战，消灭共产党。和平还是内战立即成为关系中国前途命运的最关键的问题，父亲毫不犹疑地全力投入了反内战斗争。美国加州大学邀请他去讲学，除付给高薪之外还可带家属，父亲认为在此关键时刻，不能离开斗争第一线，婉言谢绝了。

清华中文系助教何善周正在集中精力注释《左传》，父亲劝他："把这些东西都放下，将来打倒了蒋介石，解放了全中国，回到清华园再好好地研究，现在首先是'革命'。"

我叔叔闻家驷（联大法文系教授）写了一篇介绍19世纪法国唯美派诗人戈吉野的文章，父亲看了后问他："你现在还写这类文章啊？"叔叔说："艺术好比是座公园，城市里总该有这么一块清静的地方吧！"父亲很果断地说："不对，在非常时期公园里也要架大炮呢！"

还有一件事，如果不是在那个时期，父亲是绝对不会干的。联大中文系有一位同学 1946 年毕业，按规定应交论文，但他是学运骨干，非常忙，实在没时间写。父亲知道后，为他出主意，帮助过关，说："你找篇过去写的文章拿来代替。"该同学便交来一篇曾发表过的文章，父亲浏览之后，打了 80 分就"pass"过去了。

上面所有这些事例，都说明了一个问题，即在父亲的头脑里，同反动派进行斗争，或者说革命，是压倒一切的最最重要的事，其他任何事情都是次要的，都要服从这件最重要的事，为它让路。

掌握了父亲的这个指导思想，再来看他给小妹的两句题词，似乎就比较好理解了。"对功课太认真了是不好的，因为知识不全在课本里。"这两句题词中，关键是后一句，就是说除了课本里的知识之外，还有更重要的革命斗争知识，如果只注意学课本里的知识，而忽略了革命斗争知识的学习，那是不好的。

当时，小妹只有 10 岁，父亲题词的本意她是不会理解的。不过醉翁之意不在酒，项庄舞剑意在沛公！题词虽是给小妹写的，但其意义则远在其上啊！

需要说明的是，父亲的题词是针对当时特殊的历史形势而写的，不是说任何时候对功课都不要太认真。一切事物都不能脱离一定的时间、地点、条件。现在时代变了，我们的国家需要一切科学文化知识，特别是高科技知识，父亲如果在世，他也会大力呼吁每个人，特别是青年人下最大的功夫，努力学习，为把祖国建设成高度现代化的繁荣富强的国家做出应有的贡献。

闻一多在青岛的日子

李春华

　　1930 年 4 月，由于学潮，闻一多辞去了武汉大学文学院院长兼外文系主任的职务。由此他赋闲在家，精神极度苦闷，不久便前往上海找工作。在上海他遇到了正在受教育部委派筹备青岛大学的老朋友杨振声（杨已被内定为校长，此时来上海物色教员），老友相见，格外高兴。杨振声邀他到青岛观光，并拟邀他去主持青岛大学中文系的工作，同时还想邀请梁实秋主持外文系的工作。刚开始，闻一多有些犹豫不决。杨振声一再劝说他青岛是难得的胜地，风光秀美，气候湿润，冬暖夏凉，既可修身养性，又是做学问的好地方。正赶上梁实秋正准备回北平探亲，于是闻一多与梁实秋便决定去青岛实地考察一番后再做决定。

　　据梁实秋的回忆，到了青岛后，他们住在中国旅行社招待所，走在大街上，市容整洁，街道宽敞。二人雇了两辆马车，四处观光，看到了海滨公园、汇泉浴场、炮台湾、湛山、第一公园、总督府，到处都是红瓦的楼房掩映在绿树中间。青岛三面临海，形势天成。二人觉得青岛的美景太多，看也看不完。给他们印象最深的是连人力车夫都彬彬有礼。

二人觉得青岛天时、地利、人和都很好，宜于定居，于是便决定在青岛大学任教。游玩青岛后，杨振声设宴款待二人，闻一多是在酒席上接受聘书的。从此，他在青岛度过了一段令他终生难忘的岁月。

8月，闻一多携家眷来到青岛。开始他们租住在学校斜对门"大学路"上的一幢红楼，住在一楼，光线很暗。不久后搬到汇泉，住进一栋离浴场不远的小房子，出门就是海滩。这里环境虽然幽静，但距学校太远，冬天呼啸的海风让人觉得格外凄凉。此处多为山路，高低不平，闻一多为此备了好几根手杖，出门时总是带着一根手杖，梁实秋住得也不远，二人经常同行。在汇泉，闻一多请梁实秋吃过一次饭，梁实秋到晚年还记得当年闻一多厨师做的烤苹果非常可口。在这儿，闻一多住了近一年的时间，由于夫人即将分娩，暑假时闻一多送夫人回到湖北老家，从此离开了这座房子。返回青岛后，闻一多就搬进位于学校东北方的一座孤零零的二层小楼，住二楼。正因为没有了家累，闻一多把全部的精力都用于从事中国文学的研究。此时，他对于中国文学的研究重点是杜甫。他认为要理解杜诗需要理解整个唐诗，要理解唐诗需先了解唐代诗人的生平。于是，他开始撰写唐代诗人列传，写了很多手稿。这一时期，他还对《诗经》产生了浓厚的兴趣，决心把这部中国最古老的文学作品彻底整理一下。为此，他废寝忘食地工作，后来发表的《匡斋尺牍》就是这一时期的研究成果。《匡斋尺牍》在《诗经》研究史上是一个划时代的作品，闻一多用现代的科学方法解释了《诗经》，在当时乃至以后相当长的时间里影响都很大。闻一多是由浪漫诗人转而成为谨严学者的，研究领域由汉魏六朝诗到《楚辞》《诗经》，由《庄子》而《周易》，并兼及古文字学、音韵学、民俗学，研究领域十分宽广，这令郭沫若十分赞叹，称其"不仅前无古人，恐怕还要后无来者"。正因为对于中国文学研究的用力之勤，以至于作为诗人的闻一多在青岛大学期间只写过一首新诗——《奇迹》，为此花了四天时间，还旷了两节课。此外，闻一多还写了一生中唯一的一篇抒情散文——《青岛》，作者以诗一般的语言赞美了青岛美丽的景色。

青岛大学开学后闻一多被聘为教授、文学院院长兼中国文学系主任。梁实秋任外文系主任、图书馆馆长。这为后来"新月派包办青大"打下了伏笔，也是二人所始料未及的。闻一多为青岛大学网罗了不少人才，比如方令孺、游国恩、丁山、姜叔明、张煦、谭戒甫等一批专家、学者，他们年富力强，勤于钻研，都有着很深的学术造诣，这使得青岛大学中国文学系的师资力量很强。闻一多给学生上课主要讲中国文学史、名著选读、唐诗和英诗，讲杜甫、孟郊、阮大铖、龚定庵、雪莱、拜伦、济慈、白朗宁等古今中外著名诗人。

闻一多在科研、教学以及兼有行政职务的情况下还不忘提携后进。在青岛大学的国文系里，他最欣赏的是臧克家。1930 年秋，上了青岛大学英文系的臧克家由于记忆力差、吃不消，在开学后就想转到中国文学系。闻一多以前读过臧克家的一篇杂感，觉得他很有文学素养（臧克家后来回忆说，一定是"人生永远追逐着幻光，但谁把幻光看作幻光，谁便沉入了无底的苦海"三句打动了闻一多）就同意了，而对于其他也想转系的同学闻一多多半是劝阻的。从此，臧克家常到闻一多家里去。臧克家来了，他便拿出经常抽的红锡包香烟，两个人一起抽起来，话也就多了。每次臧克家拿出诗来请教，闻一多总是和他一一仔细推敲。臧克家的诗《洋车夫》《失眠》就是闻一多拿去发表的，这也是臧克家最早发表的诗作。闻一多对自己的学生陈梦家也十分器重，陈梦家很有才气，会写诗，但是不修边幅。闻一多让他来当助教，既解决了生计问题，又可以学习做学问的方法。闻一多决然没有想到，这也给人留下了话柄儿。闻一多经常对客人说："我左有梦家，右有克家。"得意之情溢于言表。

　　1931 年 9 月 18 日，"九一八事变"爆发。10 月 1 日，青岛大学学生成立反日救国会，闻一多对此表示支持。11 月 16 日，青岛大学学生要求南下请愿，学校不同意学生这样做，闻一多也不赞成此举。30 日，青岛大学反日救国会召开。杨振声认为学生的爱国活动不应该超出学校允许的范围。梁实秋认为公理会战胜强权，中国应该听候国联的调查和仲裁。同学们群起反驳。第二天，179 名同学登上火车去济南，后抵达南京。闻一多也反对南下，并主张开除为首的学生，认为这是挥泪斩马谡，不得已。其实，闻一多经历过"五四运动"，对于学生的爱国热忱是深刻理解的，只是不赞成学生们的做法，学生们恐怕未必理解闻一多的良苦用心。这件事后来也成为《驱闻宣言》抨击他的一大证据。

　　中国文学系的讲师方令孺讲授《昭明文选》，当她遇到一些问题时便常向闻一多请教，闻一多也教她一些写诗的方法，本来是正常的交往，但一些好事的人四处胡说，流言四起。闻一多的好朋友林斯德让他把家眷接来，流言就不攻自灭。1932 年春，闻一多的夫人和孩子来青岛和他同住。闻一多又一次搬家，搬到大学路上的一座红楼内。这一次他和游国恩（游是国内研究《楚辞》的大家）做邻居，二人便经常在一起谈论《诗经》《楚辞》，很是惬意。

　　1932 年 5 月 5 日，校长杨振声在南京教育部申请经费未成，当天便电呈教育部辞职，随即前往北平。闻一多为此事很是着急。12 日专程去北平力劝杨振声不要辞职。26 日，教育部电告青岛大学经费一事正与财政部商量，杨振声便打消辞职的念头。6 月 4 日，闻一多与杨振声回到青岛。16 日，在给好友饶孟侃的信中，写道："前次信来，正值我上北平挽留校长去了，等我回来，校中反对我的空气紧张起来，他们造谣言说我上北平是逃走的。现在办学校的事，提起来真令人寒心。我现在只求能在这里教书混饭吃,院长无论如何不干了。金甫(杨振声——作者注)现已回来,我已向他表示,并得同意,候太侔(赵太侔,当时也在青岛大学任教——作者注)回来商量。我与实秋都是遭反对的,我们的罪名是'新月派包办青大'。我把陈梦家找来当个小助教,他们便说我滥用私人,闹得梦家几乎不能安身。情形如是,一言难尽。你在他处若有办法最好。青岛千万来不得,正因为你是不折不扣的新月派。"伤心、失望、灰心之情充溢于字里行间。22 日,青岛大学的学生宣布罢课,理由是:学校经费出现了问题;修改《青岛大学学则》,即不能实行学分淘汰制;反对新月派把持校务。下午,学校校务会议决定 23 日的考试照常进行,如果学生不参加考试,就按《青岛大学学则》办理。23 日,因为学生拒绝考试,校务会议决定开除九名学生,并提前放假,开学后进行补考。学生们知道了这个消息后,把不满和愤恨都发泄到闻一多身上,把他称为"把持教务的教授",并以非常学生自治会的名义让闻一多火速离校,以免耽误学校的前途。学生们还印发了《驱闻宣言》,历数了闻一多的所作所为,称其是一个"准法西斯主义者",言辞十分尖刻。他们还召开记者会,向校方提出四项要求,其中有一项便是撤掉闻一多文学院院长的职务,如果有一项内容达不到要求就不复课。在这种情形下,闻一多提出辞职。杨振声也电呈教育部,再次提出辞职。学生们还包围了闻一多的家,青岛市政府为此还派了四个人保护闻一多。这时,学校内出现了许多标语,如"驱逐不学无术的闻一多",有的学生写了诗歌讽刺他:"闻一多,闻一多,你一个月拿四百多,一堂课五十分钟,禁得住你呵几呵?"闻一多看见以后只能无奈地苦笑。29 日,闻一多、梁实秋、赵太侔以及其他一些人同日离开学校。杨振声也赴南京辞职。青岛大学陷入无政府状态。7 月 3 日,教育部电令解散青岛大学,随即成立山东大学。

7 月中旬，闻一多和陈梦家同游泰山，因为大雨二人在灵岩寺住了三天，整日谈笑，很是放松。不久，闻一多只身前往北平。

8 月，闻一多应聘为清华大学中国文学系教授。清华大学原本想聘闻一多为系主任，但经历了武汉大学、青岛大学两次学潮后闻一多坚辞不就。刚到清华，他住在达园，这里原来是袁世凯时期北京卫戍司令王怀庆的私人花园，风景非常优美，从此便开始了他在清华大学的学术生涯。

朱自清与扬州

吴　晓

　　朱自清，原名自华，号秋实，后改名自清，字佩弦，笔名余捷、柏香等。原籍浙江绍兴。1898年11月22日生于江苏东海县，因祖父、父亲长期定居扬州，六七岁时随全家由东海迁来扬州，他成长于扬州，弟妹皆生于扬州，故自称"我是扬州人"。他在扬州私塾读书时，得力于一位戴子秋先生，他说："我的国文是跟他老人家学做通了的。"14岁与扬州名中医武威三的女儿武钟谦订婚。后来他在《择偶记》中说："光复那年，父亲生伤寒病，请了许多医师来看，最后请着一位武先生，那便是我后来的岳父。"

　　1912年，朱自清于安徽旅扬公学高等小学毕业后，以优异成绩考入扬州两淮中学（今江苏省扬州中学）。1916年，朱自清以"品学兼优"毕业，并考入北京大学预科。他虽然远离扬州求学于北京，但他的心一直系着扬州，常往返于北京、扬州。这年寒假，他奉父母之命回扬州与武钟谦结婚，过早地涉足婚姻世界。他与扬州更是情缠难分，有更多的牵挂了。1917年，他考入北京大学本科哲学系，这年冬他祖母吴老太夫人病逝，朱自清由北京赶至徐州，随在徐州的父亲回扬州奔丧。办完祖母丧事后，他和父亲同车北返，在浦口车站与父亲分手时，悲欢离合情依依，创作灵感不禁油然而升，创作了他脍炙人口的代表作《背影》，荡气回肠地写出了这次父子分别的情景。1919 年，他参加了伟大的"五四"爱国运动，同时走上文学道路，开始从事新诗与散文的创作。

1920 年大学毕业后，朱自清任教于杭州第一师范。1921 年，他应聘任扬州中学国文教师兼教务主任。授课之余，坚持从事写作。朱自清为人正直、热情、谦和，但教学和办事认真、严格，后因工作与校长意见不合，辞职往上海吴淞中国公学、浙江台州六师、温州四中任教。1925 年受聘为清华大学教授。但不幸的是，这年他的结发妻武钟谦因患肺病逝于扬州家中，他悲痛万分。他在被誉为"至情表现"的名篇《致亡妻》里，深情地描绘了武钟谦这位温柔敦厚、吃苦耐劳、贤惠善良的普通妇女的形象。他写道："你的短短的 12 年结婚生活，有 11 年耗费在孩子们身上，而你一点也不厌倦，有多少力量用多少，一直到自己毁灭为止……在短短的 12 年里，你操的心比人家一辈子还多；谦，你那样身子怎么经得住！你将我的责任一股脑儿担负了去，压死了你；我如何对得起你！"后来在《冬天》里又说："现在她死了快四年了，我却老记着她那微笑的影子。"1932 年朱自清与陈竹隐女士结婚，8 月回扬省亲，本想到武钟谦的坟上来祭扫。但因陈竹隐生病没能去成，他甚感遗憾。他在《致亡妻》中，特地写上了这一笔。1938 年 5 月，他母亲周太夫人病逝，7 月返扬州料理一切。1934 年，朱先生还提到"家父与一男二女在扬州"。1945 年时值抗战期间，朱自清任教于昆明西南联大，当他获悉父亲小坡公于 4 月 9 日逝世的噩耗时，悲哀哽咽，但由于抗日时局和路途遥远，终未能回扬州奔丧，成了他终生的一桩憾事。他的祖母、父亲、母亲和武钟谦女士，均葬于扬州念四桥祖茔。

扬州是一座历史文化悠久的名城，这里古道运河畔的人杰地灵的灵气滋养着朱自清。所以，朱自清的许多著作都与扬州有关。他的新诗如《小舱中的现代》，散文如《儿女》《看花》《扬州的夏日》《说扬州》等，无一不与扬州息息相关。1941 年，他写的《我是扬州人》一文，更把他与扬州的关系及其情感写得如胶似漆。他说："我家跟扬州的关系，大概够得上古人说的'生于斯，死于斯，歌哭于斯'了。现在亡妻生的四个孩子，都已自称为扬州人，我比起他们更算是在扬州长成的，当然更该算是扬州人了。"他还说："我也是一个江北佬，一大堆扬州口音就是招牌。"字里行间，充满了朱自清对扬州的深情与热爱。

朱自清家自祖辈由东海县移居扬州，先后住过六七处，与他关系密切且印象深刻的，莫过于位于扬州琼花观街一处较大的住宅（今扬州鞋厂所在地），也是他常常在作品中提起的。由于年代已久，这些地方大多踪迹难寻，不过他最后的一处故居扬州安乐巷 27 号，现已修复对外开放，成了扬州市级文物保护单位。

朱自清先生虽然于 1948 年在贫病交迫中与世长辞，已有 50 多年了，但他仍活在扬州人民心中，他的人品、文品及其著作，成了扬州人世代相传的精神财富。尤其他受到毛泽东称赞的"朱自清一身重病，宁可饿死，不领美国的'救济粮'"所表现出来的民族英雄气概和大义凛然的骨气，成了青少年学习的楷模。朱自清先生的母校江苏省扬州中学海内外学子，在他诞辰 90 周年之际，捐款在校园内建造了朱自清铜像，扬州中学 1930 年校友、原中共中央政治局委员胡乔木，为其亲笔题写了"朱自清像"四个金色大字。笔者在扬州中学这所百年名校的校园里瞻仰了朱自清像，在校史陈列馆内，还看到展有朱自清先生的生平事迹、照片及其著作。

笔者在朱自清像前，看到一位正捧读《朱自清文集》的女学生，问她《朱自清文集》是从哪儿买来的？这是我早已欲购而未得的书，这位女学生告诉我是从新华书店刚买回不久。我在她的指引下，立即赶赴新华书店，不仅购买了《朱自清义集》，还买了《朱自清自传》等，如获至宝。一位女营业员对笔者说，在扬州大小书店一般都能买到朱自清先生的著作，这也是本地书店经营的一大特色，不仅满足本地读者的需要，也好让外地来扬州观光的旅游者更好地了解朱自清先生。她还告诉我，书店里的在岗人员，要求都能讲得出朱自清先生的生平、简历及主要的著作，还要能背诵朱自清先生的《荷塘月色》等名篇佳作。笔者听了，不禁对她说："营业员，能否请你将《荷塘月色》背诵给我听听？不好意思。""可以，可以。"这位营业员小姐嫣嫣一笑，用带有扬州口音的普通话，情有独钟地吟诵道："曲曲折折的荷塘上面，弥望的是田田的叶子。叶子出水很高，像亭亭的舞女的裙。层层的叶子中间，零星地点缀着些白花，有袅娜地开着的，有羞涩地打着朵儿的；正如一粒粒的明珠，又如碧天里的星星，又如刚出浴的美人……"顿时，书店内回响起读者和着这位小姐的吟诵声……

冰心先生曾赞誉朱自清先生是"扬州人杰"。正是扬州山川自然的灵气孕育、造就了一代人杰朱自清；同样，也是朱自清道德文章的遗泽丰富、优化了扬州的历史人文环境，成了扬州人了不起的一大笔精神财富。"朱自清先生永远活在我们中间"，扬州的一位同行告诉我，这是扬州举办的全市朱自清生平事迹编写和诗文朗诵比赛活动中，扬州人从内心抒发出来的心声。

老舍逸事

吴倩卿

1937 年冬天，冯玉祥先生偕家眷、随从僚属，由南京迁到武汉，住在武昌千家街福音堂。我父亲是冯先生早年的结拜兄弟，一直追随冯先生，给他管理内务。我从小跟随父母在冯家长大成人，与冯先生的二小姐冯弗伐（留学德国归来不久）住在冯先生图书楼的二层上。

一天，福音堂来了一位文质彬彬的中年人，穿一件长袍，戴着眼镜，提一个小皮箱，面目和善而忠厚。这便是刚从济南来的老舍先生。冯先生对他很尊重，把他安顿在亲信僚属住的一座小楼里。

老舍的到来，顿使福音堂平添了一股生气。他很快以他那广博的学识、平易近人的态度、幽默风趣的言谈举止，赢得了大家的尊敬与欢迎。有一次，武昌城突然响起了防空警报，大家匆忙跑到防空洞里躲避空袭，一时气氛不免有些紧张。老舍夹杂在人群中，环顾大家都穿着夹衣，唯有一位山西闻喜籍的叶镜元老先生身着长袍，便指指叶镜元说："看叶先生，真是寒气先到富人家呀！"起初，大家先是一愣，接着便哄堂大笑起来，紧张的空气顿时变得轻松了。

　　深冬的武昌城，冷风飕飕，加之又毗临长江，更是寒气逼人。房间里没有炉火，我和弗伐二姐冻得受不了，又不敢向冯先生提炉子的事，只得手拉着手在屋子里跺脚取暖。楼下是冯先生的图书室，里边的书很多，从南京来时，装了一火车皮，又装了七木船。冯先生很珍惜他的藏书，一般是不准借阅的，但特许老舍先生在里边看书写作。这天正巧老舍又在楼下写作，可我们哪里能理会得到。吃午饭的时候，老舍笑着问弗伐："弗伐，整整一个上午，你在楼上教倩卿学什么舞啊？一定是从德国学来的新滑稽舞吧？"接着又面向我问道："倩卿，你跟弗伐学的什么舞，能跳给我看看吗？"一句话引来大家一阵大笑。我们这才知道刚刚只顾了跺脚，忘了楼下的老舍先生正在专心写作，打扰了他的文思。此后，我俩如果要跺脚，总是先看看楼下有人没有。

　　当时，老舍已是中外知名的大作家，但处于抗日战争的环境，生活在民不聊生的社会里，生活也是很清苦的。他身上的那件长衫总不见换，脚上的皮鞋磨去了后跟，失去了光泽；他最喜爱的水仙花也是养在一个粗瓷大碗里；他爱抽烟，起初抽的是"大前门"，不久换成了廉价的"大刀"牌，到后来又变成了没牌子的土产卷烟。不过，只有一种爱好他没有改变——吃青皮红心的天津大萝卜。他把萝卜在清水中浸泡一夜，第二天早上切成小片，一片片拿来吃。私下吃，当着众人也吃；自己吃，也请大家吃；他经常津津有味地一边吃，一边赞不绝口地罗列吃萝卜的种种好处，诸如消食化痰，清心润肺，调气理神……说得神乎其神，如果记录下来，准是一篇赞美大萝卜的优美散文。当我与冯先生的随从秘书常永明补行结婚典礼时，老舍也前来祝贺。他见有人送了我们一箱蜜橘，便说："我也送你们一样礼品！"不一会儿，他从住室出来，手中提了满满一大兜大萝卜！我们夫妇欣喜地接受了老舍先生别具一格的礼品。它不仅饱含着先生流浪生活中的一片厚意，也使我们领悟到这位大作家不拘一格的品格。婚礼过后，我们夫妇学着老舍的法子，将萝卜泡过，切成小片，一片片拿来吃，果然沁人心脾，甜美可口。而后，每当我们吃萝卜时，便会想起平凡而风趣的老舍先生。

爷爷叶圣陶一家的四川往事

———

叶小沫

1937 年秋，日本侵华的战火烧到了南方。我的爷爷叶圣陶带着一家老小离开苏州老家，经杭州过武汉，在 1938 年初进入四川。和我爷爷同行的有爷爷的老母亲——已经 72 岁的老太太，还有我的奶奶，我的爸爸妈妈、姑姑叔叔，一共七口人。一家人在四川一住就是八年。

这八年令一家人难以忘怀。爷爷当年给上海朋友们的信和他那时候写的日记，也记录了那些岁月。其中的许多故事我听祖辈父辈讲起过，这里选出我熟知的几件事说给大家听听。

入川第一个大灾难：我爸爸险些死于伤寒

爷爷一家先到的是重庆。我爸爸说，重庆的苍蝇特别多，卫生条件很不好，以致 1938 年 8 月，我的叔叔、妈妈和奶奶先后染上了痢疾。奶奶的病刚好一点儿，8 月 29 日，我爸爸的肚子又疼痛难忍。爷爷陪着我爸爸在三天看了五位西医，都说是得了伤寒，除了保养，没有别的办法。我爸爸一想到我妈妈的姐姐和他的姑姑都是得伤寒过世的，心都凉了。还是我奶奶主意大，主张去看中医。朋友介绍了一位张先生，爷爷在给朋友的信中说："张年事五十许，诊脉瞑目凝思，开方如作大文章，构思良久，又须起草。凡请了他十三次，今日为'第三候'之末日，病人体温已如常人，神色亦渐佳，唯全身瘦甚，有如灾民。"又说："弟此次与张接触，对于中医之佳处渐有所悟，我们往往崇奉西医，鄙薄中医，实属偏见。"还说："此次看护，墨（我奶奶胡墨林）最辛劳，而母亲（老太太）、满子（我妈妈）及弟（我爷爷）亦轮流值班，无间昼夜，二十天以内，大家瘦了一匡，然得此佳果，亦足慰矣。"

我爸爸回忆说，医生开完方子都晚上10点了，他没有嘱咐必须当天喝，可一家人都把他开的方子看作仙丹妙药，觉得早一分钟喝下效果一定大不一样。于是我妈妈自告奋勇，揣着方子摸黑爬上200多阶的观音岩，抓了药，回来的时候还在曾家岩顶买了根火把，照着脚底下直奔山下。回家时，爸爸的老祖母还扇着小小炭炉等着。等爸爸喝完药，大家躺下，已经是半夜以后了。

我爸爸的病反复了三次。最重的一次，他出汗出得疲倦极了，只觉得屋子里的人走来走去，不知道他们在忙些什么。奶奶凑在我爸爸的耳边上叫他醒醒，爸爸断断续续地说："我困，让我睡。"第二天我爸爸醒得很早，觉得浑身轻松，老祖母坐在他的脚边抚摸着他瘦得像干柴的腿，对他说："你不要挺直了身子，太吓人了。"问了才知道，这一夜爸爸把一家人折腾得够呛。他手脚冰凉，四肢挺得笔直，一家人齐声大喊，怎么也唤不醒他，只有鼻子微微扇动。直到后来喂他水，发觉他能下咽，脉搏也稍有增强，他们才稍微放心。

难得的安稳时光：爸爸妈妈完婚

1938 年初冬，爷爷应聘去武汉大学教书。为了工作方便、节省开销，也为了给我爸爸养病，爷爷决定全家迁往乐山。爷爷听说乐山的气候比较清爽，不像重庆那样昏沉，很像老家苏州，到那边也许能找到故乡的乐趣。并且那时重庆已经常常会拉响警报甚至遭到日军的空袭了，迁往乐山相对更安全。

10 月下旬，爷爷带着一家人从重庆坐船到了乐山。此后，生活确实安定多了。于是，有在上海的朋友，尤其是此前喝过我爸爸妈妈订婚酒的朋友来信，催着爷爷奶奶把爸爸妈妈的婚事办了。爷爷说，大家都是好意，就办了吧。选定一天，嘉（乐山）沪（上海）两地同时请吃喜酒。

爸爸妈妈是五年前在上海订的婚。那时候外公夏丏尊和爷爷是开明书店的同事，两家又是邻居，他们老哥儿俩天天在一起。我妈妈从小是在浙江上虞白马湖长大的，我爸爸就常常带着她去游上海的公园，看电影、看话剧。有人看出了他们之间的情意，便自告奋勇做媒。订婚的日期就定在阴历年的第二个星期天，两家人联合起来大宴宾客。

1934 年 3 月，爷爷在《儿子的订婚》这篇散文中，记录了爸爸和妈妈的订婚。文中写道：

> 16 岁的儿子将要与一个 15 岁的少女订婚了，是同住了一年光景的邻居，彼此都还不脱孩子气，谈笑嬉游，似乎不很意识到男女的界限，但是看两个孩子无邪的站在一块，又见到他们两个的天真和忠厚正复半斤八两，旁人就会想，"如果结为配偶倒是很相当的呢"。一天，S 夫人忽然向邻居夫人和我妻

提议道:"我替你们的女儿、儿子做媒吧。"两个母亲几乎同时说好的,笑容浮现在脸上,表示这个提议正中下怀。几天之后,两个父亲对面谈起这件事来了,一个说"好的呀",一个用他的苏州白土说"呒啥",足见彼此都合了意。可是两个孩子的意见如何是顶要紧的,就分头探寻。探寻的结果是这个也不开口,那个也不回答。少年对于这问题的羞愧心理,我们很能够了解,要他们像父母那样若无其事地说一声"好的"或者"呒啥",那是万万不肯的。我们只须看他们的脸色,那种似乎不爱听而实际很关心的神气,那种故意抑制欢悦和把眼光低垂下来的姿态,就是无声的"好的"或者"呒啥"呀。于是事情决定,只待商定一个日期,交换一份帖子,请亲友们喝一杯酒,两个孩子就订婚了。

朱自清先生在给外公和爷爷合著的新书《文心》写的序中写道:

> 本书写了三分之二的时候,丏尊、圣陶做了儿女亲家,他们决定将本书送给孩子做礼物。丏尊的令媛满姑娘,圣陶的令郎小墨君,都和我相识,满子更是我亲眼看见长大的。孩子都是好孩子,这才配得上这件好礼物,我这篇序也就算两个小朋友的订婚纪念吧。

在乐山的时候,我爸爸妈妈两个人已经二十一二岁了,到成婚的年龄了,爷爷奶奶就在乐山为他们举办了婚礼。1939 年 6 月 3 日,我爸爸妈妈结婚的那天下午,全家去照相馆拍了一张全家福、一张我爸爸和妈妈的结婚照。婚礼的那天晚上非常热闹,第二天爷爷给我外公的信中,详细地描述了当时的情景，信上说：

> 善（作者注：我爸爸叶至善）满（作者注：我妈妈夏满
> 子）婚期此间颇热闹。地点曰红十字会，会所筑于城上，凭栏
> 则岷江浩浩，凌云、乌尤如列翠屏，客凡六席……新郎新娘向
> 不吃酒，居然各吃五六杯，并且闹到我们老夫妇头上，墨林
> （作者注：我奶奶）亦饮二三杯，弟则四十杯以上……晚间，
> 小墨（作者注：我爸爸）之同学来闹新房，唱歌、说笑，直到
> 十一时始散。

爷爷给外公的信写得这样详细，是想让老亲家能够放心。他知道妈
妈是外公最最疼爱的小女儿，成婚时不在身边，必定非常挂念。在上
海，虽然没有新郎新娘，外公他们还是办了酒席，请了很多好朋友来吃
喜宴。那一天，外公思念女儿女婿，想念亲家，怀着复杂的心绪喝得酩
酊大醉，睡了四五个小时才醒，未免喝得多了些。

外公夏丏尊在浙江上虞白马湖旁建了一个平屋，我妈妈从小在那里
长大。质朴善良的父母和乡里乡亲，培育了质朴善良的妈妈。妈妈没有
一点儿名门女儿的娇气和矫情，就是一个勤劳朴实的好媳妇，买菜、做
饭、洗衣服、照顾老人，和爸爸一家人同甘共苦，是爸爸的好妻子、奶
奶的好帮手。我听爷爷说过，那几年生活艰苦，我妈妈和奶奶织毛衣的
本事好，就领了毛线给人家织毛衣挣钱补贴家用。为了省些钱，妈妈去
军营的灶上买锅巴，拿来给全家煮泡饭吃。领毛线和买锅巴这些看上去
不太体面的活儿，都是我妈妈自告奋勇去做的，她从来不觉得这有什么
见不得人的。有朋友对我说："你妈妈是夏丏尊的女儿，那可是大家闺
秀。"我把这话说给爸爸听，他听了一脸正经地对我说："我要找的可不

是什么大家闺秀，我要找的就是像你妈妈这样朴实可爱的女人。"我爸爸妈妈相亲相爱地过了一辈子，一直到老，爸爸眼里的妈妈都是那个可爱的 15 岁的女孩；一直到老，我爸爸看我妈妈时的眼神，都充满着柔情蜜意。

又一次遭难：乐山遭空袭

1938 年 8 月中旬，爷爷受四川省教育厅主办的"中学教师暑期讲习会"的邀请，去成都演讲。19 日 9 点，爷爷准备出西门去会朋友，还没到朋友家，防空警报就响了起来，他觉得这次的警报时间特别长。11点，警报解除了，爷爷从朋友家返回成都祠堂街的时候，才听说敌机轰炸的是乐山，已经炸去了四分之三，大火还在燃烧。那时候我们家住在乐山江边的校场坝渡口，是无论如何也逃脱不了这一劫的，爷爷惊恐不已，心绪如麻。

这厢在乐山，一家人和来家做客的两位朋友都在家里吃午饭。听见飞机声，爸爸就登上屋顶的亭子间去看，只觉得声音特别大，好像是从岷江对岸的丘陵后面传过来的。其实第一架飞机已经到了屋顶上空了，忽然"轰"的一声，只一声，炸弹就全都扔了下来。爸爸觉得周身被空气吸得异常疼痛，立刻跑下楼梯躺在书箱底下。爸爸以为炸弹扔过就没事了，却忽然听到奶奶在后边喊："火！火！"原来前门已经被大火封住了。大家嘴里喊着："快出后门！快出后门！"就向后门冲去。

这时候爸爸才发现，为了他和妈妈的婚事新铺的地板，比后门的下沿高出了一尺多，两扇后门不但厚实还包着铁皮，几个人拉也拉不动。爸爸没有慌，他看到大门的木枢插进石窝之间，大约有三寸多的距离，于是让大家一起用力，把左边的那扇大门抬高，使木枢的下端脱离石窝，再把门向右边推，果然在左右两扇门之间出现了一条可以挤出一个人去的缝隙。爸爸叫姑姑叔叔扶着奶奶和正病着的我妈妈先钻了出去。老祖母的背驼得厉害，爸爸在旁边使劲推，总算把她推出了这条狭窄的生死关口。屋子里只剩下爸爸一个人的时候，他听见隆隆的火声，看见穿进铁窗的火星，有点儿留恋地各处看了一遍。他看到爷爷常用的砚台躺在书桌底下，就捡起来插进了口袋。爸爸明知毫无用处，还是把两扇门拉上，从后门的缝隙里钻了出去。一家人会齐了，爸爸就带着大家，去投奔了爷爷的好朋友贺昌群先生。

再说身在成都心急如焚的爷爷。那天教育厅好不容易弄到了一辆小汽车，8点20分离开成都，五个小时后和徒步北去的难民的先头部队相遇，看到那个惨象，爷爷真是"相近心更怯，不敢问来人"。到了乐山，车不能再开，只好徒步。遇见的朋友告诉爷爷，一家人都安好，全在贺昌群家，爷爷才放下心来。直到第二天傍晚，爷爷才和一家人团聚。至于全家被炸得除了身上穿的衣服之外一无所有，在贺昌群一家人的帮助下才熬过那段艰苦的日子，已是后话了。

爷爷写信给上海的朋友们说："余乃大慰人口均安，身外之物毁亦无足惜矣。"其实也不，"足惜"的东西还是有的。爸爸就常常会想起挂在乐山屋里的那张《天女散花图》，那是爷爷和奶奶结婚的时候，他们的同学吴湖帆送的礼物；还有一副弘一法师写的对联："寒岩枯木原无想，野馆梅花别有春。"那幅画和那副对联，一向是挂在爷爷的书房里的。酷爱藏书和集邮的叔叔，一定常常会怀念他的那些宝贝，那可是他千辛万苦积攒下来的。而前些年我们在整理爷爷日记的时候，最心疼的是他刚入川时的那几本日记，在乐山的大火中也化为了灰烬。

这次乐山被炸死伤数千人。关于这件事，爷爷在日记里有详细的记载，之后他又在《战时中学生》上发表了《乐山被炸》的文章，谴责和声讨日本军队的侵略行径。抗战期间，作为大后方的四川也没有免于日本军队的战火。我家老一辈的遭遇，只是千百万受苦受难同胞中的一个缩影，让我们做晚辈的永远铭记在心。

迁往成都：三兄妹跟爷爷学作文

1940 年，爷爷又有了新职务，是四川省教育厅督导员。那时交通非常不便利，为了免去爷爷往返在乐山和成都路上的辛劳，全家人又从乐山搬到了成都。新家离杜甫草堂西北约五里，据说在黄田坝，只是这个家的建设又要重新来过。

在成都的这段日子里，爷爷做了许多事情，不过让我最看重的，还是爸爸、姑姑和叔叔跟着爷爷学习写作文这件事情。在那几年，兄妹三个练习作文，一共出了两本书，一本叫《花萼》，一本叫《三叶》。在这两本书的前边，爸爸都写了序，详细地记述了当时的情景。

在《花萼》的序里，爸爸说：

今年一年，我们兄弟三个对写作非常热心，这是因为父亲肯为我们修改，我们在旁边看他的修改是一种愉快。

吃罢晚饭，碗筷收拾过了，植物油灯移到了桌子中央，父亲戴起老花镜，坐下来改我们的文章。我们各踞桌子的一边儿，眼睛盯住了父亲手里的笔尖儿，你一句，我一句，互相指摘争辩。有时候，让父亲指出可笑的谬误，我们就尽情地笑起来。每改罢一段，父亲就朗诵一遍，看看语气是否顺适，我们就跟着他默诵。我们的原稿好像从乡间采回来的野花，蓬蓬松松的一大把，经过父亲的选择和修剪，插在瓶子里才还像个样儿。

我们的原稿写得非常潦草，经父亲一改，圈掉的圈掉，添

上的添上，连我们自己都不容易念下去。母亲可有这一份耐
心，她替我们整理、誊写，像收拾我们脱下来的衣衫一样。誊
写好了少数投到杂志社去，多数收藏起来。最近有几位父亲的
朋友从杂志上看到了我们的文章，怂恿我们说："你们兄弟三
个何妨合起来出一本集子。"我们想，我们写的这些文章，原
为练习，合将起来，岂不成了作文本儿？我们又想，学校里同
学间喜欢调看作文本，或者有人想看看我们的，就把存稿编在
一起，请父亲复看一遍，删去若干篇，成为这本集子。

父亲替这本集子题了个名字，叫做"花萼"。

1942 年，这集子出版了，是爷爷的好朋友宋云彬先生给写的序。过
了两年，爸爸兄妹三人把写好的文章又集成了一本集子，起名《三叶》。
这次是朱自清先生给他们写的序。1982 年，三联书店决定把爸爸他们在
抗战期间写的这两本习作合在一起出版，要爸爸在后面写几句话。爸爸
写道：

> 我们三个都乐意参加这样的训练，因而几乎每个星期都要
> 交一篇习作给父亲，写什么由自己定，父亲从来不出题目。父
> 亲一向主张即使是训练，也应该写自己的话，表达自己的真情
> 实感。我们照父亲的主张做，觉得可写的东西确实很多，用不
> 着胡编，也用不着硬套，只要多多感受，多多思索，生活中到
> 处都是可写的东西，而且写出来的决不会雷同；幼稚自然难
> 免，但多少总有点儿新意。……

惊险的出川路：全家坐木船漂泊47天

爷爷当初入川，好像对持久战已经作了十分充裕的估计。但没有想到，一直到1945年我们一家人还在成都，真个是"君问归期未有期"。抗战胜利后，一家人尤其是爷爷，归心似箭，决定9月迁重庆，好赶在年底加入开明书店东归的大队回上海。

然而像开明书店这样的小书店，飞机票是弄不到的，爷爷又不愿意托人走后门，于是决定冒着沉船和被强盗抢劫的危险，率全家坐木船。那时老太太已经80岁了。回程也是七个人，姑姑因为读书没有同行，补上的那个是我的哥哥三午，才3岁。之后爷爷写了一篇散文，题目就叫《我坐了木船》，口气颇有点儿骄傲，叙说了他这次成功的喜悦。文章中说：

> 从重庆到汉口我坐了木船，木船危险当然知道，一路上数不尽的滩，礁石随处都是，要出事儿随时可以出，还有盗匪……但是回转来想，从前没有轮船没有飞机，历来走川江的人都是坐木船，就是如今上上下下的，还有许多人在那里坐木船，如果统计起来，人数该比坐轮船坐飞机的多得多。人家可以坐，我就不能坐吗？我又不比人家高贵。至于危险，不考虑也罢，轮船飞机就不危险吗？安步当车似乎最妥当了，可是人家屋檐边也可能掉下一片瓦来。要绝对避免危险，就莫要做人。……

木船比不上轮船，更比不上飞机，千真万确。可是绝对不用请托，绝对不用找关系，也无所谓黑票。你要坐船，找运输行，或者自己到码头上去找。找着了，言明价钱，多少钱坐到汉口，每一块钱花得明明白白，在这一点上，我觉得木船好极了。我可以不说一句讨情的话，不看一副难看的嘴脸，堂堂正正，凭我的身份东归，这是大多数坐轮船坐飞机的朋友办不到的，我可有这种骄傲。

决定了之后，有两位朋友特地来劝阻，为的是关爱我，他们说的种种理由，设想了种种可能和障碍，结末说，还是再考虑一下的好。我真感激他们，当然不敢说不必再考虑，只好带着玩笑地说"吉人自有天相"，安慰他们激动的心情。现在他们接到我平安到达的消息了，他们也真的安慰了。

这篇散文不长，其中没有一句叙说途中的种种艰难，却字字表现出爷爷那种倔强和勇敢，这几乎是他在遇到危险和强暴的时候一贯的风格。实际上，带着一家七口坐木船回上海，上有80岁的老母，下有才3岁的孙子，还有有孕在身的儿媳，寒冬腊月在冰冷的江面上漂泊47天，要作出这样的决定，需要多大的勇气。因此在历经千辛万苦到达上海之后，爷爷也完全可以骄傲地向大家宣布：我坐了木船！

对于在四川的生活，爷爷是难以忘怀的。回到上海之后，他在日记上写道："今越八年而东归，我生居川盖足八年。"

韬奋脱险记

郑展 口述　刘百粤 整理

　　邹韬奋先生，是我国著名的新文化开拓者和民主主义革命者。在中国人民同日本帝国主义和国民党反动派的斗争中，他英勇果敢，坚强不屈，是革命文化战士的先锋。

　　1941 年底，日寇侵占香港。在国民党掀起第二次"反共"高潮期间，许多文化界人士和民主人士因受到国民党顽固派的迫害，在国民党统治区站不住脚，撤退到香港。现在他们被困在香港，处境艰险。中共中央南方局周恩来同志给八路军驻香港办事处负责人廖承志同志发来了紧急电报，指出：这批文化界人士中不少是我国文化界精华，要想尽一切办法把他们抢救出来，并转移到后方安全地区。

　　在廖承志同志的具体组织下，广东地下党和游击队立即行动起来，将邹韬奋、茅盾、胡绳、张友渔等几百名文化人从敌人的虎口中分期分批抢救到东江游击区，准备秘密护送他们经广东的惠州、老隆、韶关进入大后方。

　　就在这个时候，党派我到老隆，协助八路军驻港办事处的另一位负责人连贯同志，护送路经此地的文化人。

从 1942 年春节后开始，一批又一批的文化人从惠州陆续乘船到老隆，由我们负责转送韶关或兴（宁）、梅（县）。接送工作是在极端秘密的情况下紧张地进行的，因为在这同时，国民党的鹰犬队也在四处寻觅着这批进步文化人。

4 月下旬的一天，地下交通员从惠州送来了两位先生。其中一位，消瘦的脸庞上戴着眼镜，难民证上的名字叫"李尚清"，"香港××商行的股东"。连贯私下告诉我，他就是我所景仰的韬奋先生！和他一起来的另一位是胡绳。当天，我们把他们安排在老隆的秘密联络站"义孚行"住下。

第二天，连贯即叫我联系了去韶关的汽车，派人先将胡绳同志护送走了。我心里纳闷，为什么韬奋不一起走？后来，才从连贯处得知，国民党反动当局已知道韬奋从香港回到内地，密令各地特务机关，严密侦察邹韬奋行踪，沿途各关卡都放有邹的相片，要抓他。国民党韶关特务头子还下令：一经发现可就地解决。

连贯严肃地对我说："韬奋先生现在很危险，不能走，上级指示我们，要把他隐蔽在当地乡村，务必保证他的安全！"

随后，连贯叫我把邹韬奋护送到梅县，找到负责兴、梅——闽西南一线护送文化人的胡一声。经过周密考虑，我们决定把邹韬奋安置在梅南江头村畲坑乡陈炳传同志家里隐匿。

陈炳传（又名陈启昌），是大革命时期的党员，在家乡搞过农民运动和武装斗争。斗争失败后，他跑到新加坡继续开展救国运动，被当局驱逐出境。回国后，被党组织派回家乡，以"侨兴行"经理的身份从事地下工作。韬奋到他家住，对外以"香港侨兴行的股东，因患脑病，在韶关经不起轰炸，来乡间休养"的名义出现。陈炳传交游的客商很多，一般不会引起怀疑，再加上这里地处梅丰边区，国民党统治力量十分薄弱，所以，韬奋在这里隐蔽是比较安全的。

6 月初的一天，连贯突然跑来跟我说："现在出了叛徒！粤北省委被破坏，廖承志也被捕了，上级叫我立即撤到东江部队去。"紧接着，他向我交代，要继续以归国华侨商人的身份待在老隆，完成接应护送文化人的任务，特别是以后要想尽一切办法将邹韬奋安全护送走。并一再叮嘱我，为了预防万一，从今以后，过去和他接触过的人一概不要再接触，只和他保持单线联系，有什么问题必要时可通过惠州的"源吉行"去找他，他会想办法帮助我的。

连贯走后，我立即从"义孚行"迁到"香港汽车材料行老隆分行"，继续以做生意为掩护，与护送文化人和民主人士的地下交通员接头。不久，从香港抢救出来的文化人和民主人士基本走完了，我随即根据连贯的指示，以陈炳传"侨兴行"伙计的名义，到梅县潜伏下来，等待时机以便将韬奋送走。

这时，韶关国民党报纸的"时人行踪"栏登了一则消息："邹韬奋原在东江游击队，后因日寇进攻，闻已离队住在东江乡间。"紧接着，我们又接到地下党送来的情报：国民党当局已派遣认识韬奋的特务头目刘百闵专程来广东，指挥特务组织在东江和兴、梅一带侦察韬奋踪迹，刘本人还到了梅县。

情况已非常严重。显然，韬奋已不能再在梅县隐蔽下去，必须马上设法转移了。

也就在这时，胡一声接到负责在韶关接送文化人的乔冠华自韶关拍来的电报，叫他"即来谈生意"。胡一声到韶关后，乔冠华即告之：国民党已侦知韬奋在兴、梅一带，并已派出特务去搜捕，南方局周恩来同志指示，要立即设法把邹韬奋安全送到上海，然后转往苏北抗日根据地，并派来原生活书店（韬奋主办的店）的干部冯舒之参加护送。

胡一声偕同冯舒之回到梅县后，即找我和陈炳传一起商量护送的路线。当时，前往上海有两条路线可走：一条是经梅县往东北走，到福建西南部再折向江西东北部，转往上海。这条路比较安全，但是沿途尽是崇山峻岭，道路崎岖，交通困难，必须步行。另一条是从畲坑西行，经由龙川、连平到达韶关，由韶关乘火车到衡阳和株洲之间的渌口，改乘轮船前往武汉，再沿长江东去上海。这条路有舟车代步，交通方便，时间可以快些，但沿途国民党和日伪军的关卡很多，要经过多次检查，风险较大。后来经过再三研究，考虑到前一条路虽然比较安全，对于不习惯走路而且体质又弱的韬奋很不合适；后一条路虽然危险较大，如果掩护得好，路上警惕一些，还是能够通过的。因此就选定了第二条路线。并决定把韬奋扮成患病要回上海休养的香港商人，冯舒之充当陪伴他的伙计，我则装作与他们萍水相逢的同路人，从旁暗中保护，一直将他们送到湖南渌口，然后转交当地地下党再护送到上海。

这是一个不平常的使命。我当时既兴奋，又有点紧张，考虑到这批文化人是我们国家的宝贝，特别像韬奋这样的人，他们的生命安全一旦没有保证，将来我怎么向人民交代。

在韬奋出发前，考虑到兴、梅与韶关这一带国民党特务已经注意，情况比较复杂，我先专程跑了一趟，摸清了沿途关卡检查的情况，并事先联系好了到韶关的落脚点。

9月25日，刚过了中秋节，韬奋便告别了江头村，在我和冯舒之的伴随下上路了。我们先乘小船沿梅江到了兴宁，再由那里改乘"侨兴行"运输货物的汽车前往韶关。汽车是胡一声事先赶到兴宁联系好的。韬奋穿着从香港逃出来时穿的那套银灰色的唐装，戴着礼帽，装成商人的模样，和冯舒之并排坐在驾驶室里，我坐在后面的车厢里。胡一声也陪往韶关，他坐在另一辆车的车头里，一路尾随，准备万一第一辆车出了问题，马上向组织报告，及时援救。

两辆车疾驶而去，途经老隆、隆川、连平。每逢关卡检查，则由冯舒之拿着通行证出来应付，声称"老板有病，不便下车"。好在"侨兴行"的车过去常给各关卡的军警一点小恩小惠，检查比较"通融"，所以，总算一路平安无事，第二天便抵达韶关。

韶关，当时是国民党在广东的军政中心，特务密布，宪警林立，一片白色恐怖。我们将车开到市郊牛头潭，一下车便住进我事先联系好的"香港汽车材料行韶关分行"里头。

安排妥当后，我即到"侨兴行"与乔冠华接头，向他详细汇报了我们护送的计划和方法。他赞同地说："你在路上不跟邹韬奋公开接触，遇到什么问题，从比较超脱的位置上保护和帮助他，这样更有利！"他还叮咛我，如万一韬奋被捕，要以最迅速的方法通知他，以便赶紧采取措施，组织营救。

第二天，我到火车站买好了当天下午6点钟开往渌口的车票。因为发现车站上盘查得很严密，怕早去车站等火车容易引起麻烦，所以，我和冯舒之计算好了去车站路上需要的时间，打算赶在开车前几分钟到达车站，一上车就能走。

预定出发的时间到了。我们分别雇了三辆黄包车，冯舒之在前，韬奋在中间，我在后边，直奔车站。不料半途出了个岔子，在经过韶关市区时，有个地方发生了交通纠纷，路上围了一大堆看热闹的人，我们的黄包车过不去，想退出来已经晚了，后边蜂拥的人群把我们夹在了中间！我一看情况不妙，连忙下车，二话没说拉着韬奋就往人群外挤，马上又另外雇了车奔赴车站。可是已经晚了，待我们赶到车站时，眼看着火车开出站去。

韬奋见状不由得叹息起来，我们也很恼火。火车站这地方危险，不可久留，于是赶忙雇车往回走。可是，我们在车站还是引起了国民党特务的注意。在回去的路上，我发现有个骑自行车的家伙紧紧地盯上了我们。这下糟了，但绝不能让他跟我们到住处！我正在为想法甩掉这个"尾巴"急得浑身冒汗的时候，忽然发现在路旁人群中有一个国民党下级军官，像是我认识的一个同乡，我想，这下有救了！马上叫车子停下，大声和他打招呼，装作十分亲热的样子和他边走边攀谈起来。走了一段以后，我回头窥探，那个盯梢已无踪影，看来他以为"大水冲了龙王庙"，跟自己人发生了"误会"，知趣地开路了。

当天晚上，为了预防万一，我们转移了住处，在江边找了一家"活动旅馆"（专供住宿的船只）住了一夜。第二天，吸取了头天的教训，终于顺利地乘上火车，闯过了韶关这一"关"。

我们买的是头等卧车票。韬奋和冯舒之在一个车厢，我在隔壁的车厢。我知道车上的宪兵要进行一次例行检查，便事先跑到前边已开始检查的车厢里，仔细观察了一番，心里有了数。然后，马上回来叫韬奋装作病重的样子在铺上躺下，额头敷上湿毛巾，旁边还摆了些药瓶子，低声向他们交代，等一下宪兵来检查时，一切由冯舒之来应付，韬奋先生不要起来，就说是发高烧，病得很厉害。韬奋听后点点头，从容不迫地说："行，你们说怎样做，我就怎样做。"

过了一会儿，一个国民党宪兵气势汹汹地来到了我们这个车厢。我听出他讲的话是我们家乡梅县的口音，心中暗喜。轮到查韬奋那个房间时，我就装作看热闹的凑了上去。

宪兵一见到韬奋躺着没起来，就厉声喝道："你是什么人？干什么的？起来检查！"韬奋皱着眉头，半张不合的双眼微微瞄了他一下，没有吭声。冯舒之赶忙递上预先准备好的假证件，按我刚才交代的话说了一遍。跟着，我用梅县话在一旁叹道："唉！刚才上火车时见到他就晃晃悠悠，快倒下了！"接着，又故意埋怨冯舒之："你怎么搞的，你们老板病得这么厉害，还让他出门……"

那宪兵听我口音也是梅县人，转过身来，打量了我一下，略为温和地问道："你是干什么的？到哪儿去？"我拿出身份证，回答说，我在梅县干事，这次是为老板跑腿，到衡阳联系生意。我看他紧绷着的脸皮开始松弛，乘机搭讪着问他："听长官口音也是梅县人，不知府上是哪个乡的？"我设法用亲热的口气跟他拉起家常来。

就这样，又闯过了一关。

火车到了渌口镇。下车后，我把韬奋他们安排在一家小饭铺吃饭，自己则过渡到湘江对岸，找当地地下党一位同志联络。这是路经韶关时，乔冠华交给我的一个关系，按预定计划，韬奋下一段的路程将转由他们负责护送。准备要接头的这位同志住在一家商行里，可是他出门去了，没找到。怎么办？渌口是国统区与沦陷区的交界口，偌大一个小镇没有多少人，但却举目皆见国民党特务的关卡、岗哨。韬奋如在此逗留时间一长，很容易暴露。

我在小饭铺悄悄地与韬奋、冯舒之商量。韬奋沉着地说："不怕，船往北一开，那边就是沦陷区了，国民党特务鞭长莫及。"冯舒之也插话说："这一段路我比较熟悉，有我问题不大。"就这样，商定我在这里与他们分手。

午后1点钟，我们到了码头。韬奋和冯舒之在前边走，准备登上开往长沙的轮船。我仍然装作与他们素不相识，跟在后面，目送着他们。

码头上，乱哄哄的一片，上船的人喊着、叫着，争先恐后。韬奋夹在人流中，马上就该轮到他上船了。突然，我看见他猛地转过身，挤过人群，向我走来。我还没闹清怎么回事，他已经抢上前来紧紧地握住了我的手。

"你辛苦了，非常感谢你！非常感谢南方的朋友们！为了我，费了很大的劲。"他旁若无人，感情冲动地说着，忘掉了我们原该装作不相识的。

一时间，一股激荡的热流冲遍了我全身，我也异常激动，真想最后拥抱一下这位可敬的文化战士，但处境险恶，嘴上不得不连连说："李先生，你赶紧上船吧，祝你一路平安！"

韬奋依然不顾一切地紧握我的手不放。他带着颤音，诚挚地说道："请你回去告诉南方的朋友，到目的地后，我一定要写本《民主在中国》的书跟大家见面，以此来报答大家！"望着他那为化装留了满把胡须的清癯面孔，我情不自禁地掉下了眼泪。

在我的再三催促下，韬奋才转身去上了船。轮船响着沉闷的汽笛，很快就开了。我独自呆呆地站在码头上，目送着轮船远去，直至慢慢消失在苍茫的江面上……

突然，有人在背后猛拍了我的肩膀一下，"你是干什么的？跟我来！"我回头一看，是码头检查站的一个宪兵，正恶狠狠地瞪着我。大概是我神情异常，又在码头上滞留许久，引起了怀疑，因此，他不由分说地把我押往检查站。

在检查站，宪兵们轮番审讯我。我反复辩白，自己是韶关"侨兴行"的伙计，老板叫我到这里来找湘江对岸一个商行的股东联系汽车轮胎生意，因没找到，正准备回去。

一个宪兵冷不防地问我："你说你是做汽车轮胎生意的，那我问你，32×6的老头牌轮胎现在多少价钱？"对这一手，我早有防备，立刻镇静自若地做了回答，而且，还将早已背得滚瓜烂熟的当时市面上轮胎的品种、规格、价钱，一口气统统说了出来。

他们见我对答如流，又一身西装、皮鞋，像个商人样，这才放了我。

第二天，我没先回韶关，而是坐火车经衡阳到达桂林。因为乔冠华曾交代我：在渌口安全送走邹韬奋后，要立即到桂林向在那里负责接应文化人的张友渔报告。我根据乔冠华提供的地址，找到了张友渔，张友渔随即将我汇报的情况转告给了南方局周恩来同志。

韬奋和冯舒之离开渌口后，当天晚上就到了长沙。可是在从长沙乘船往武汉的路上，由于江水浅，船不能航行，被迫弃船步行。在途中，他们多次遭到日伪军的盘查。由于他们的机警、沉着，才安然渡过了这些险境，于10月初到达上海。不久，在华中局和上海地下党周密安排下，韬奋通过敌人封锁线，渡过长江，终于被安全护送到了苏北解放区。这些都是我后来知道的。

韬奋所说的那本要跟"南方朋友见面"的书，后来还没来得及写，他就被病魔夺去了生命。但他那临危不惧、坚毅沉着的形象，40年来却一直深深地印在我的脑海中，每当回想起这一切，仿佛又看到他戴着礼帽，穿着唐装，从容不迫地对我们说：你们说怎样做，我就怎样做……

"书痴" 郑振铎小记

刘作忠

一

　　1958 年 10 月，郑振铎因飞机失事遇难后，其遗孀高君箴女士将郑的全部藏书捐赠北京图书馆，总数多达 17224 部、94441 册，其中最有价值的是 30 余部宋、元版本的典籍。郑振铎藏书内容颇丰，包括戏曲、小说、版画书、弹词、鼓词、宝卷、歌谣、俗曲，等等，其中以戏曲、小说、版画书为最。

　　戏曲是元代文学的灵魂，但直到清末民初才有王国维、董康、吴梅等学者注意搜集和研究。在此之前，保存元人杂剧最多的是明万历四十四年（1616 年）臧懋循所刻《元曲选》，内选杂剧百种。另有《元刊杂剧》30 种，其中有 17 种元剧为臧选和他选未收，系海内孤本。明代常熟乡贤赵琦美的《脉望馆钞本古今杂剧》较以上两本更齐全，除去重复所选杂剧有 340 种之多。之后此书先归于钱谦益的"绛云楼"。"绛云楼"曾毁于大火，但这些杂剧却幸免于难，钱谦益便赠给族孙钱曾的"也是园"。以后，《古今杂剧》陆续递藏于季振宜、何煌、黄丕烈、汪士钟、赵宗建的藏书楼中。到了清光绪、宣统年间，《古今杂剧》为江苏常熟藏书家丁祖荫的"湘素楼"所藏。历次递藏中，其卷帙渐次递减，到丁氏手中，仅剩 242 种。不过，300 年间，这套典籍始终未出常熟、吴县二地。到民国初年，坊间已知杂剧存目多达近千，实际存书不及 200 种，而丁祖荫所藏却超过 200 种，尤其是其中 144 种闻所未闻，其价值可想而知。

丁祖荫生前对这套藏书视若至宝，连他的知己好友也不知其藏有《古今杂剧》这样的瑰宝。丁在逝世的前一年，也就是 1929 年，于国立北平图书馆月刊第三卷第四期发表了《黄荛圃藏书题跋续记》一文。是文在黄荛圃（丕烈）为《古今杂剧》所写的跋语后，故布疑阵地加上自己的按语："初我曾见我虞赵氏旧山楼藏有此书，假归极三昼夜之力展阅一遍，录存跋语两则，卷首尚有……时促不及详录，匆匆归赵，曾题四绝句以志眼福，云烟一过，今不知流落何所矣，掷笔为之叹息不置。"丁祖荫病逝后，其终生秘不示人的《古今杂剧》，连同自己手写的藏书目录两册，一起流入坊间。

郑振铎自 20 世纪 20 年代初迷上戏曲后，便不论新旧、不论版本、不论价格大量购买。只要他看中有价值的，根本不考虑自己有钱无钱，有时甚至将一家十口数月的费用一掷无遗。到抗战前，郑振铎已搜藏 1000 余部戏曲图书，其中有不少珍品。1932 年，正在燕京大学任教的郑振铎，曾在该校天和厂 1 号住所举办"北西厢记展览会"，公开展出他搜藏的 21 种《西厢记》（明刊本 11 种、清刊本 10 种）。郑还从国立北平图书馆借得六种《西厢记》前来助兴。这种别开生面的专题展览，引来学人们一片赞叹之声。

郑振铎读到丁祖荫《黄荛圃藏书题跋续记》一文后，念念不忘《古今杂剧》，或亲自、或托人四处寻觅。

1938 年 5 月的一天晚上，友人告诉郑振铎：苏州书商杨寿祺处有 30 余册刻本、抄本的元剧，并断定为丁祖荫藏书散出。郑振铎喜出望外，兴奋得失眠一夜。翌日清晨赶往苏州，与书商杨寿祺交涉。杨要价 1000 银圆，并告诉郑，书商孙伯渊处也有 30 余册刻本、抄本的元剧，但要价 2000 银圆。杨还提醒郑要尽快筹款提书，以防他人捷足先登。然而等郑四处筹措到 1000 元再去找杨时，杨已将书卖给了孙伯渊。《古今杂剧》终成完璧，孙伯渊借此大抬身价，先是说不卖、不令人见，后又声言"非万金不卖"。郑振铎经人引荐与孙反复商谈，结果以 9000 金成交，孙特别限定 10 天内交款。如此巨款，对两袖清风的郑振铎无疑是泰山压顶。在无可奈何之际，郑振铎打电报向在国民政府教育部供职的友人卢冀野和时为国立北平图书馆馆长的友人袁同礼求援。教育部很快回电同意公款购置，但汇款迟迟未到，郑振铎日夜坐卧不安。为防再生变故，郑四处借贷，筹齐了 9000 金（两个月后教育部汇款到方璧还），终于取回了隐匿 300 余年的珍品。归途，郑振铎坐在黄包车上，有如夺得一座城池后凯旋的将军。他的"心中充满了无限止生的喜悦，我一点也没有想到那一笔书债如何的偿还清，儿童时代以后，从来不曾有过像这样不倦的、喜悦的旅行"。回家后，他"把全家人召集来看这令西方人羡慕的'国之瑰宝'，像过一个盛大的节日"。郑的"高声谈笑惊动了四邻，他们也都来看热闹"。后来，郑"发现自己的大衣帽子都不见了，竟不知忘在了书商那里，还是丢在了车上"。这部"国之瑰宝"，现藏于北京图书馆。

郑振铎在搜藏戏曲的同时，也大量网罗小说，国内搜集不足，就远渡法国访求。据郑死后编印的《西谛书目》统计，郑所藏历代小说类总数达 682 部，比其所藏戏曲总数还多 15 部。所藏小说中，明刊本有 44 种之多。

从《西谛书目》还可以看到，郑振铎藏书中，除了本来就是美术图录的书以外，注明有"图"的共有 1020 部左右。也就是说，郑的藏书中，每七部就有一部是附图的。以时间而言，郑所藏最古的版画，是宋元之际平江碛沙藏佛经内的佛像及杭州天竺灵签。不过，郑所藏精华乃是我国版画黄金时代的明人作品，包括美术谱录类的专门及附图的戏曲、小说等。

郑振铎众多的藏书中，还有历代弹词 300 余部、宝卷 91 部。

最可惜的是，郑振铎耗尽无数心血搜集的全国 12000 种歌谣、俗曲，全毁于 1932 年"一·二八"事变的战火中。类似的情形在 1937 年"八一三"沪战的翌晨重演，郑振铎眼睁睁看着寄放在上海虹口开明书店的 100 多籍古今书刊化为灰烬。

二

在抗日战争最艰苦的 1940 年初到 1941 年底，国立中央图书馆在教育部和中英庚款董事会的支持下，联络沪、港两地的文人志士，冒险搜购了大批即将散逸沦亡的善本古籍，郑振铎系其中主要骨干之一。

江南数百年为我国人文渊薮，明清两代著名藏书家大都集中在江浙一带。江南相继沦陷后，大量私家藏书或毁于战火，或源源流入上海书市。日本人、伪满及美国人都派人携巨款大量搜购，中华典籍一时颇有尽陷异域之虞，有识之士无不痛心疾首。

陷留于沪的国立暨南大学校长何炳松、私立光华大学校长张寿镛和暨南大学文学院院长郑振铎等，纷纷致函国民政府，请求政府出面保护中华国粹。时任国民党中央组织部部长、中英庚款董事会董事长的朱家骅对此颇为支持，决定借助中英庚款董事会的力量，与国立中央图书馆合作抢救。中英庚款董事会成立于1931年，有华籍董事10人、英籍董事5人，负责管理历年出英国退还中国的数百万英镑庚款的用途。

1940年1月初，国立中央图书馆馆长蒋复璁受中英庚款董事会之托，乔装改名自渝经港赴沪。蒋在上海与有关人士商议，决定成立"上海文献保存同志会"以避敌耳目，负责上海一带的古籍搜购。其经费取自中英庚款董事会补助国立中央图书馆之费用。蒋本人则坐镇重庆运筹帷幄。作为"同志会"成员之一的郑振铎，分工与书商或藏书家洽谈以及对已购图书的保管、编目。

从此，郑振铎与张寿镛（负责版本及价格的审定）、何炳松（负责搜购经费的支付）、叶恭绰（主持由沪寄港精品的转运事宜）、徐鸿宝（协助以上四人）等"同志会"的成员一起，开始用公款有目的、有系统地为国家抢救古籍文献。

郑振铎每天往返各书店间奔走看书，甚至赶到听说要售书的藏家家中直接洽谈，为保护我国典籍不落入外国人手中，郑常嘱书肆商人，凡外国人给你们的书价，我加两成收购。郑这样进行大规模的搜购，立即引起日伪密探的注意，他常常不敢住在家里，而躲到朋友处。

在前后不到两年里，郑振铎及"同志会"的同人从敌伪和外国人手中夺回了不少堪称"国宝"的孤本和稀世珍本。用郑自己的话说："在这两年里，我们创立了整个国家图书馆。虽然不能说应有尽有，但在质与量方面都是同样的惊人，连自己也不相信竟会有这么好的成绩！"

这批珍贵古籍文献包括：常熟瞿氏"铁琴铜剑楼"、江宁邓氏"群碧楼"、嘉兴沈氏"海日楼"、庐江刘氏"远碧楼"、顺德李氏"泰华楼"、顺德邓氏"风雨楼"及吴兴刘氏"嘉业堂"与张氏"适园"等著名私家藏书楼的大量典籍。如"嘉业堂"的明刊本1200余部、抄校本

30 余部和"适园"的宋本 88 部、元本 74 部、明本 407 部及黄荛圃的跋本 101 部，均为独步古今的善本。

1941 年冬，何炳松、张寿镛作为大学校长要维护所在学校的校务，保管大批来之不易的典籍的重任就落在郑振铎身上。

当时抢救的典籍，已有部分运往香港，留在上海的还有 1600 部精善本、11000 部较次的善本，包括刚以 70 万元购进的张氏"适园"的珍品。这些珍品均分藏于叶恭绰在沪的寓所"法宝馆"及外商银行的金库中，郑振铎每日提心吊胆地查看这些比命根子还重要的宝藏，还要应付飞涨的物价。在重庆国民政府不能及时接济的情况下，他不得不忍痛卖去不少自藏的图书易米。

抗战胜利后，藏匿上海的、由沪经港转运至渝的、自日本归还的、自香港寻回的共 6 万余部无价之宝陆续运到南京国立中央图书馆。我国现代规模最大的一次搜藏图书之举，画上了一个圆满的句号。郑振铎等爱国志士冒死抢救国宝的业绩，将同国宝一起长存。

《雷雨》诞生记

田本相[*]

曹禺，还有他的亲朋，都曾对我讲过有关《雷雨》的一些故实。曹禺是怎样在这些故实中升腾起他的想象，构建起《雷雨》的场景、人物、戏剧冲突的？把这些摆出来，也许可以引领我们去探索他创作《雷雨》的秘密。

《雷雨》的人物原型

最早我听说，《雷雨》写的是天津的周家。我曾问过曹禺，他说："写《雷雨》和周家没有太大的关系。周家我去过，有些印象。小时候是不是听大人说事，也不经意地听了一些，所以写到剧本中去？这也很难说。因为我家毕竟同周家来往较多。"

周家是天津的名门望族，其中地位最显赫的是周学熙。周曾任民国

---

* 作者系中国话剧历史与理论研究会会长，原中国艺术研究院话剧所所长、研究员、博士生导师，著有《曹禺传》等。

初期的财政总长，并在河北省和天津形成了以他为首的工业财团，如开滦煤矿、启新水泥厂、耀华玻璃厂，以及华新、中天等。曹禺对我说："周叔弢（周学熙的侄子）的父亲大概叫周博，他就是周七爷，又称周七猴，常和我父亲诗文唱和、喝酒。这个人非常之可爱，他一边骑着驴一边做诗，还骑到北京去看枫叶，也是一个闲人。我现在还能把他的音容笑貌写出来。周九爷，他对我们家是有功劳的。我父亲死后，是他帮助我们家过下去的，这个人的心地挺好的。他们是个大家庭，但不是周朴园家，因为周朴园家才四口人。他们家（天津周家）的房子很有味道，矮房子，不是很高。像洋房，但又不全是洋的，半洋半中，或者说是半洋半老吧。在天津住这么好房子的人家，也不是很多，我进去过，像个小公园似的。《雷雨》的布景是照着他家的房子写的。我是用了周家这个姓，但我写的并非就是周家的事。"

这里说到的周七爷叫周学渊，周九爷叫周学辉。曹禺的父亲不但与他们有诗文往还，并且还将钱款存到周家的银行。看来，《雷雨》中的周公馆，同这个周家是有关系的。

再有，就是曹禺自己的家了。无论是《雷雨》的布景、陈设，还是气氛以及人物，都与曹禺家关联更多。尤其是《雷雨》中的人物关系同他家的神似之处，还给研究者们带来某些揣测。曹禺的家庭成员，除他自己（本名万家宝）之外，还有父亲、继母，以及一个同父异母的大哥万家修。而《雷雨》中周家的成员构成，有父亲周朴园及其后续的妻子繁漪、长子周萍（侍萍所生）和次子周冲（繁漪所生）。看起来的确十分相似。只不过曹禺自己的家里，并没有继母同继子的乱伦故事。

《雷雨》中几位人物的性格也与曹禺家人有相似的地方。曹禺曾说："我父亲和《雷雨》中周朴园有些相似，色厉内荏。"还说："在繁漪身上也可找到我继母的东西，主要是那股脾气。"

曹禺的父亲万德尊，在家中也像周朴园，是个专制的人物。他做过宣化镇守使，做过黎元洪的秘书，是民国的将军。后来赋闲在家，抽鸦片，还动不动就发脾气、打骂仆人。

鲁贵的原型，就是他家一位类似管家的人物，曹禺说这个人还常常躲在一间收藏室里画神像。

在《雷雨》中，蘩漪这个人物是最有分量的。曹禺说，《雷雨》中的八个人物，"最早想出的，并且也较觉真切的是周蘩漪"。蘩漪的原型，是曹禺一位同学的嫂子。曹禺在南开中学读书时，有两兄弟陆以洪、陆以循，同他很要好。曹禺说："陆以洪和他的嫂子有爱情关系。我是从陆以洪那里受到影响，才写了蘩漪这个人物。他这位嫂子不像蘩漪，最初的印象是陆以洪给我的，她长得文静、漂亮，并不厉害，但是，却一肚子苦闷。陆家的事和《雷雨》有些关系，她不喜欢她的丈夫。""写蘩漪这个人物，就是他（陆以洪）把一个类似蘩漪的女人的故事告诉了我，在我的心中放了一把火。"

我曾访问陆以循先生，他说："谈起我的嫂子，他是我的堂哥的爱人。堂哥在黄河水利委员会工作过，比我那位嫂子大十几岁。堂哥这个人不开朗，很老实，长相也很死板。我这个嫂子25岁还没有结婚（那时20岁就该结婚了），总是找不上合适的，因为年岁太大了，就找了我这位堂哥，很是委屈。我这位嫂子会唱昆曲，她家是世代的业余昆曲爱好者。人长得漂亮，又比较聪明，丈夫那么呆板，不顺心。那时，我们家是个大家庭，都住在一起。在老式家庭中，我这位嫂子是比较活泼的，她不算是新式妇女，但也不是那么稳重的。"

让我感受最深的是，曹禺家的氛围同《雷雨》的那种压抑、沉闷的空气太相似了。我在《曹禺传》中这样写道："一进楼门，里边黑漆漆，阴沉沉的。我似乎感到这里的压抑和郁闷。"曹禺说，他放学回家，家就像坟墓一样，死气沉沉。《雷雨》布景的某些格局，也有与他家一楼客厅相似的地方。

《雷雨》中的教堂氛围和宗教音乐

我在写作《曹禺剧作论》时，就注意到曹禺剧作中的《圣经》文学印记和教堂氛围。在写《曹禺传》时，就向曹禺先生讨教，我是这样提问的：

> **笔者**：是什么原因使您对《圣经》发生兴趣？据我读到的资料，您并不信奉基督教和天主教。
>
> **曹禺**：有过这么一段时间，我教过《圣经》文学，那是在天津河北女子师范学院。《圣经》文学我懂得太少，它的确写得好，有些非常漂亮的文章和故事，我很喜欢。
>
> **笔者**：《雷雨》里似乎有一种教堂的氛围，还用了巴赫的教堂音乐。
>
> **曹禺**：在序幕和尾声中，不但引进了教堂的环境氛围，而且也用了宗教音乐，其中就有巴赫的《b小调弥撒曲》。人物也有着某种宗教的因素，周朴园悔悟了，有的傻了，有的疯了。对于这样的安排，我当年给在日本演出《雷雨》的杜宣、吴天等人的信中，曾做过解释。我当时就是那么想的，似乎我觉得那么写，就有一种诗意的回味，就有一种诗的意境。我确实是把《雷雨》作为一首诗来写的。
>
> 至于，我是不是受到基督教、天主教的影响，我也提供一些我的经历。记得小的时候，有一段时间接触过教堂。我家住在河东，就是现在的天津东站附近。而在海河的对岸，绿牌电

车道的尽头，那个地方可能是老西开吧，有一座法国天主教堂。这座教堂不仅在天津，即使在北京和上海，也是颇有特色的一座教堂。有时站在我家的凉台上，就可以听到从这座教堂传来的钟声。那时，教堂就对我有一种神秘的诱惑。少年时期，对生活有一种胡思乱想、东撞西撞的味道。接触一下教堂，到里边去看看，似乎是想解决一个人生问题，究竟人到底应该走什么道路，人应该怎么活着，人为什么活着，活着又为什么？总之，是莫名其妙，觉得宗教很有意思。

在清华大学时，有音乐唱片的欣赏，对巴赫的音乐有过接触。我对佛教不感兴趣，太讲出世了，跟父亲念了一段佛经，念不下去。读《圣经》觉得文章漂亮。新教，就是基督教。至于宗教本身，我就是好奇的啊！无论哪个教堂我都想进去看看。俄罗斯的托尔斯泰的《复活》，我读过，我非常想看看复活节是怎么搞的，也想看看大弥撒，参加参加。它为什么叫人入迷？一进教堂，就觉得它里面很高很高，在幽暗中所展示的是一个无边的苍穹，是异常宁静肃穆，圣母像美丽得不得了。人一进入教堂就安静下来了，真好像使人的灵魂得到休息。我是个共产党员，我不相信上帝，但是我很喜欢教堂中那种宁静肃穆的氛围。

酝酿五年的《雷雨》

看来，似乎生活中一个细节，一些背景，也融入了剧情的血肉里。创作实在是太奇妙了，作家所经历的人生种种，都可以在激扬的想象中，编织出美丽的画面，谱成美妙的乐曲。但是，这种升腾的创造力，又是来自何方？

曹禺在南开大学读书时，就开始酝酿《雷雨》了。他曾对我说："《雷雨》是我碰上的。十八九岁时，就开始酝酿《雷雨》，历时五年，费了好大的劲。"1965 年夏天，我陪曹禺重访母校清华，在图书馆负责人的陪同下，他径直走到楼上那间他写作《雷雨》的阅览室去，不要别人引路，他熟悉得很。一进大厅，他就高兴地说："就是这里，还是当年那个样子。"他指着一个阅览的长桌说："对，我就坐在这个地方，那时不是这样的桌子。我一来这里，就坐到这个位子上。"他还说："我写了不少的人物传记，不知道废了多少稿子，都塞在床铺下边。写累了，我就跑到图书馆外边：躺在草地上，仰望着湛蓝的天空，看着悠悠的白云。"他一边说着就坐下来，找来一张纸，对大家模仿着当年写作《雷雨》的情景。他对一位图书馆负责人说："当年图书馆的一个工作人员，原谅我一时想不起他的名字，待我太好了。他提供给我各种书籍资料，还允许我闭馆之后在这里写作。那些日子，真叫人难忘啊！当时，我就是想写出来，我从未想到要发表，也没有想到过演出。"

在这里我要提起的是，写作《雷雨》时，曹禺正在同郑秀（曹禺第一任妻子）热恋。1933 年的暑假，她陪着他写完了《雷雨》。曹禺那种浪漫的个性，那种"热来时热得蒸笼坐"的激情，显然成为《雷雨》的催生素。甚至《雷雨》中周冲以及周冲对四凤的爱的追求和幻想，都熔铸着他们热恋的情愫。

巴金成为《雷雨》发表的伯乐

这些年，关于《雷雨》的发表产生了各种不同的说法，但不可否认的是，巴金对《雷雨》的发表起了决定性的作用，他和曹禺也因此结成了终生的友谊。

我同曹禺提起过《雷雨》的发表，他讲道："《雷雨》写出来给了

曹禺扮演的周朴园（阿鹰供图）

靳以，他当时在编《文学季刊》。"靳以与曹禺是南开中学的老同学，靳以写《将军》时就住在曹禺清华的宿舍里，曹禺写的《日出》中的方达生也有靳以的影子，他们太熟了，不分彼此。曹禺说："靳以是支持《雷雨》发表的，但为了避嫌，所以将《雷雨》暂时放在了抽屉里。巴金是《文学季刊》的编委，他从上海过来，在与靳以的谈话中知道了这个剧本，看过之后大力推荐，这才发表了。后来我就同巴金熟了，我们三个人经常到广和楼去听戏，从清华出来骑驴或者坐车，从下午1点一直听到下午6点。广和楼前边都是摆摊的，卖羊杂碎、烧饼，看完戏，就一人买一碗羊杂碎，用羊肉汤泡烧饼，那真好吃啊！……如果《雷雨》一直躺在抽屉里，我将是怎样一个发展，那就很难说了。人的命运，往往就决定在这样的偶然的事物、偶然的人物之中。那时，我和巴金还没有认识，完全凭着他无私的识见，把《雷雨》从被遗忘的角落里发现出来。由于巴金，我第一次感到了自身的价值，才下定决心去搞剧本创作。我很感谢巴金，也感谢一切曾经帮助过我的朋友。"

我曾问曹禺先生，《雷雨》的手稿是否还在，他只说："《雷雨·序》手稿，巴金把它交给北京图书馆了。将来此事可找丁志刚，这是50年前唯一保存下来的一份手稿了。丁志刚是北京图书馆馆长。"

当年海上惊《雷雨》

《雷雨》发表后，在国内最早有演出记录的是天津的孤松剧团。著名演员石羽回忆说："1935年，我们看了《雷雨》的剧本，剧团就准备组织演出这部戏，这可能是国内最早的《雷雨》演出了。万先生（曹禺）来看过，并且作了指导。"

另外，中国留日学生在东京演出的《雷雨》，曹禺并不满意，尤其是对他们删去序幕和尾声的行为尤为不满。他认为掐头去尾的《雷雨》不过是一出社会问题剧，但全本《雷雨》"是一首诗"。

曹禺最满意的是中国旅行剧团演出的《雷雨》。他说："1935年，中国旅行剧团，也是中国第一个职业剧团，在天津演出《雷雨》。唐槐秋演周朴园，戴涯演周萍（或者戴涯演周朴园，陶金演周萍），章曼萍演四凤，赵慧深演蘩漪。赵慧深很会演戏，诗写得好，词填得也好。她在中旅演戏的时候给她哥哥赵景深写的信在一个杂志上发表了，写得有气派，不像个女孩子。唐若青演侍萍，她演陈白露演得不错，但是演侍萍就不行了。演鲁贵的现在在香港，写了《演鲁贵几十年》。"他还说："小市民、老爷太太们都喜欢看这个戏。我不大相信这戏有什么教育作用，但剧场演出非常之安静，有的看几遍还看。我去剧院看过，中旅在天津演的《雷雨》可以说把观众征服了。"

同年，《雷雨》在上海的演出也轰动了，茅盾先生有"当年海上惊

《雷雨》"之赞。中旅在上海凡尔登大剧院演出《雷雨》，最初的协议是"三七分成"，剧院七，剧团三，而续订协议时，则是倒三七了，并且续演达三个月之久，场场爆满。因此，曹聚仁先生说 1935 年是"《雷雨》年"。

天才演员成就的天才剧作

曹禺在南开新剧团就展现了他的表演天才，并得到他的老师张彭春的赏识。他是从一个演员成就为一个伟大的剧作家的，凡是看过他的演出的人，无不交口称赞。

著名表演艺术家石羽回忆说，他虽然不是南开中学的学生，但是一听说有曹禺的演出，就想尽办法去看："我到南开中学看过《新村正》《财狂》，给我印象最深的是万先生演的村长，穿着长袍马褂，戴着头套。《财狂》我是在楼上看的，那时我就想看看，万先生是怎样抓住观众、怎样表演的。看过之后，给我们很大的鼓舞，使我下决心当一个演员。也可以说是万先生把我引向戏剧之路的。"

曹禺自己也演过《雷雨》，那是在南京国立剧专任教的时候。他的同事马彦祥回忆："戴涯先组织了第一个演出，就是演《雷雨》，曹禺扮演周朴园。我看过不下十几个周朴园，但曹禺演得最好，这可能因为他懂得自己的人物的缘故。他是个好演员，他懂得生活，不是那种空中楼阁，我觉得演周朴园，没有能比过他的。这出戏一演就打响了，很上座，经济收入可观。第二个戏就排《日出》。"

我曾经拜访过《李双双小传》的导演鲁韧，他也是南开新剧团的团员，当时叫吴博。他对我说："我是上初中时看到曹禺演《压迫》的，演得不错，但多少还有些业余的味道。后来看到曹禺演的《娜拉》，男人演女角，演得那么好，确实让我惊呆了。我对戏剧也很喜欢，哪有戏，我都去看，但没有像曹禺的演出这样给我以震撼的。张平群演海拉茂，他演娜拉，在我脑子里是不可磨灭的，这个戏对我影响很大。那时，我在新剧团跑龙套，从旁边看得更清楚。我敢这样说，现在也演不出他们那么高的水平。"我问："您看过他的表演，对他当时的表演究竟应该怎样评价？都说他演得好，这只是一种描述，但还不是准确的评价。"鲁韧回答说："我总觉得曹禺的天才在于是个演员，其次才是剧作家。我这个结论，你们是得不出来的，别人没看过他演戏，也得不出来，只有像我这样看过的，才能得出这种毫不夸张的结论。到现在，这样好的艺术效果，这样的艺术境界是很难找到的。曹禺把夫妻间的感情，甚至那种微妙的感情的分寸，都很细腻地、精湛地表演出来，就不能不令人倾倒。像亢乃如、张平群都是大学教授，那么高文化修养的演员，现在哪里去找。曹禺也是有着很好的文化修养的。"还说："曹禺表演实在是好，他演韩伯康真好。他做导演不行，缺乏总体设计，但对角色却分析体验得细致入微。曹禺不是职业演员，不会那套形式，但凭全身心来演。现在，也很难找到这样一种全身心投入的表演了。"

　　以上，是我将曹禺有关《雷雨》的回忆，以及亲朋的回忆集合起来。这些"现象"的东西，也许可以诱发我们对于《雷雨》创作的想象和思考。曹禺曾说，现实主义是现实的，但不完全是现实的。这说明，仅仅是现实，是不足以构成戏剧大厦的；但是，离开现实进行真正的创造也是不可能的。是不是这些"现象"，也能给人一点启发呢？但愿是这样的。

张爱玲在沪逸闻

朱少伟*

1920 年，张爱玲出生于上海麦根路 313 号（今康定东路 87 弄 3 号）的一幢红砖大宅。自此，她与上海结下了千丝万缕、难舍难分的缘分。

处女作天赋初显

1931 年秋，张爱玲进入上海圣玛利亚女中念书。在这座绿树环绕的校园里，张爱玲初显了她的天赋和才华。入学第二年，她在校刊《凤藻》上发表了第一篇小说《不幸的她》。这篇处女作反映了两个刚 10 岁的女孩之间的亲密友情，并用浪漫的笔触描写了女性追求自由的过程和与世俗决裂的情景。此文出后，一时间在校内引起轰动，同学们竞相传阅。

在校第三年，张爱玲又在《凤藻》上发表了第一篇散文《迟暮》。

---

* 作者系上海市政协委员。

常德路 195 号，张爱玲在沪故居

文中描写了"美人迟暮"的悲哀，将春天的灿烂与女人的空虚形成强烈对比，还含蓄和隐约地表达了自己内心的孤独。在校内，张爱玲多少显得有些"另类"。她个子高挑，喜欢穿素色旗袍，留齐耳短发；她在生活琐事上往往心不在焉，常忘记做作业、带课本，但在文学创作上却十分认真。到 1937 年夏高中毕业时，张爱玲已经相继发表了小说《牛》《霸王别姬》，散文《秋雨》，书评《若馨评》《在黑暗中》，影评《论卡通画之前途》等作品。这其中，张爱玲于 18 岁那年写成的《霸王别姬》最令人刮目相看。作品套用历史故事与戏曲，表现了虞姬对自身处境的醒悟：不管霸王是胜还是负，自己始终只能是男人的附属品，并早晚要成为牺牲品，因此不如及早主动了断。对于这篇作品，她的国文老师十分欣赏，甚至认为若与郭沫若的《楚霸王之死》相比更是"有过之无不及"。

周瘦鹃主编的《紫罗兰》

"到底是上海人"

张爱玲在黄浦江畔度过少女时代后，旋赴香港求学，然仅隔数年便又重返申城，与姑姑一起闲居在爱丁顿公寓（今常德路 195 号）。该公寓系沿街的八层楼房，具有鲜明的意大利建筑风格：平面略呈"凹"形，户型有二室户和三室户；客厅设壁炉，卧室均有小贮藏室和卫生间，厨房沿西外廊布置，双阳台连通客厅和卧室。在公寓中，张爱玲和她姑姑各有私人空间：有各自的卧室和盥洗室，中间有厨房相连，要见面开门即可；若不想打扰，也能从消防门进出。就是在这里，张爱玲开始尝试职业写作。

少为人知的是，张爱玲早年在沪成名，系从周瘦鹃主编的《紫罗兰》起步。《紫罗兰》创刊于 1922 年夏，原为综合性半月刊，后因故停办；1943 年 5 月复刊，改出月刊，36 开本，每期近 200 页；其宗旨为

"文学与科学合流，小说与散文并重，趣味与意义兼顾，语体与文言齐放"，至 1945 年 3 月终刊。张爱玲初识周瘦鹃，正值他为《紫罗兰》复刊忙碌之际。对于这第一次见面，周瘦鹃曾回忆说："黄园主人岳渊老人介绍一位女作家张爱玲女士来，要和我谈谈小说的事……说着，就把一个纸包打开来，将两本稿簿捧了给我。我一看标题叫作《沉香屑》，第一篇标明《第一炉香》，第二篇标明《第二炉香》，就这么一看，我已觉得它很别致，很有味了。当下我就请她把这稿簿留在我这里，容细细拜读，随又和她谈起《紫罗兰》复活的事。"周瘦鹃读完张爱玲的作品，感到挺像英国名作家毛姆的风格，并有《红楼梦》的影子，决定全部采用。当它们在《紫罗兰》复刊号和第二期亮相时，张爱玲首次引起上海文坛瞩目。

接下来，这位年仅 22 岁的女作家在爱丁顿公寓创作的《倾城之恋》《金锁记》《封锁》《心经》《花凋》等作品陆续在上海推出。一时间，申城四下出现了阵阵"张爱玲热"。由是，自 1943 年夏起，张爱玲没用太长时间就迅速走红，且一生中最重要的作品几乎都发表于此。

对此，张爱玲在 1943 年 8 月发表的散文《到底是上海人》中说："我为上海人写了一部香港传奇，包括《沉香屑·第一炉香》《沉香屑·第二炉香》《茉莉香片》《心经》《琉璃瓦》《封锁》《倾城之恋》七篇。写它的时候，无时无刻不想到上海人，因为我是试着用上海人的观点来察看香港的。只有上海人能够懂得我的文不达意的地方。"张爱玲的崛起，与当时上海沦陷后所形成文学真空状态甚为相关，诚如当年傅雷所说："水土特别不相宜的地方，谁也不存在什么幻想，期待文艺园地里有奇花异卉探出头来。然而天下比较重要一些的事故，往往在你冷不防的时候出现……张爱玲女士的作品给予读者的第一印象，便有这情形。"

张爱玲

　　张爱玲在爱丁顿公寓的生活极惬意，每天有人送来报纸和牛奶，洗澡有热水，家务和煮饭有佣人操办；她不喜欢应酬，常站在阳台上看爱俪园（俗称哈同花园）的派对，看街头的风景。周瘦鹃曾说："我如约带了样本独自去那公寓。乘了电梯直上六层楼，由张女士招待到一间洁而精的小客厅，见了她的姑母。这一个茶会中，并无别客，只有她们姑侄俩和我一人，茶是牛酪红茶、点是甜咸具备的西点，十分精美，连茶杯和点碟也都是十分精美的。"后来成为张爱玲姑夫的李开第则曾谈道："我常去那里看她们。一次，我在公寓门口遇到爱玲，爱玲说，姑姑叫我给伊去买臭豆腐。那个时候，张爱玲已经蛮红了。"张爱玲本人也感叹过："公寓是最合理想的逃世的地方。厌倦了大都会的人们往往记挂着和平幽静的乡村，心心念念盼望着有一天能够告老归田，养蜂种菜，享点清福。殊不知在乡下多买半斤腊肉便要引起许多闲言闲语，而在公寓房子的最上层你就是站在窗前换衣服也不妨事！"

《金锁记》与李公馆

张爱玲当年的作品多属"香港传奇"，唯独《金锁记》例外。《金锁记》为张爱玲的代表作之一，1943 年 11 月由上海《杂志》月刊登载，1944 年收入《传奇》小说集。在这部中篇小说里，主要描绘小商人家庭出身的女子曹七巧因受财欲、情欲双重刺激和煎熬，渐渐性格扭曲、行为乖戾，于是以变态的方式疯狂进行报复。其性格刻画十分细腻，心理剖析非常犀利，字里行间流淌着独特语言魅力。

张爱玲后来提及，她的好多作品里的人物和故事"各有所本"。《金锁记》就是这样，实际以她太外祖父李鸿章之次子李经述一家的生活为背景，如小说中的"姜公馆"，暗指李公馆；"大爷"的真名叫李国杰，主持过招商局；二少爷和曹七巧的原型，即李国杰那得软骨症的三弟和从老家合肥乡下娶的妻子。张子静曾在《我的姊姊张爱玲》中记述：张爱玲曾与李国杰的妻子多次聊天闲谈，得知外人不知道的李鸿章大家庭中的秘密韵事。发表《金锁记》后，当时李鸿章还有不少后代在上海，也许李府那些人也不太看书，根本不知道我姊姊发表了那篇小说，把他们的丑陋的一面写进了历史。

听着静安寺的钟声，"禅味""因缘"亦真亦幻入文来

当年，张爱玲寓居的爱丁顿公寓距著名的静安寺不远，她也曾屡屡去这座千年古刹，有一回还从庙会买了双很美且柔的绣花鞋。她在创作时，也常能听到那悠扬的寺院钟声；她的许多作品中，也或隐或显地蕴含着许多"禅味"和"因缘"。

周瘦鹃

　　佛教禅宗认为，世界的最高主体是人的自我心性，一切事物及其发展变化都不过是自我心性的幻想而已。张爱玲的散文便把平常心作为一种人生境界，正所谓"看透人生的真相"，所以她善于从日常生活里发掘新的意趣。如她在《也必正名乎》中说："世上有用的人往往是俗人。我愿意保留我的俗不可耐的名字，向我自己作为一种警告，设法除去一般知书识字的人咬文嚼字的积习，从柴米油盐、肥皂、水与太阳之中去找寻实际的人生。"在《公寓生活记趣》中她说："我喜欢听市声。比我较有诗意的人在枕上听松涛，听海啸，我是非得听见电车声才睡得着的。"

　　张爱玲的不少散文也体现了她从最感性的现象里悟出深刻的哲思，能在得自生活的暗示中把浅显与深奥巧妙结合。如她在《洋人看京戏及其他》中说："中国人喜欢法律，也喜欢犯法。所谓犯法，倒不一定是杀人越货，而是小小的越轨举动，妙在无目的，路旁竖着'靠右边'的木牌，偏要走到左边去。"《更衣记》中说："秋凉的薄暮，小菜场上收

当年静安寺

了摊子，满地鱼腥味和青白色的芦栗的皮和渣，一个小孩骑了自行车冲过来，卖弄本领，大叫一声，放松了扶手，摇摆着，轻倩地掠过。在这一刹那，满街的人都充满了不可理喻的景仰之心。人生最可爱的当儿便在那一撒手罢。"

张爱玲凭着她的"禅悟"，化熟视无睹为引人注目，使散文的字里行间带有一种意境和神韵，于散淡中见真切，在温和里含诗情。如她在《童言无忌》中说："童年的一天一天，温暖而迟缓，正像老棉花鞋里面，粉红红绒里子上晒着的阳光"；《诗与胡说》中说："太阳煌煌的，然而空气里有一种清湿的气味，如同晾在竹竿上成阵的衣裳。"

"因缘"是佛教的核心教义之一，它强调世间万物是相互转化的，所谓有因即有果。将凡俗叙事与"因缘"结合在一起，是张爱玲小说创作中的拿手好戏。例如在《倾城之恋》中，白流苏与范柳原一开始似乎缘分不深：离婚回到娘家的白流苏很难在白公馆立足，她必须抓住青春的尾巴把自己嫁掉，而范柳原则是一个不错的选择；但后者仅满足于玩，这又是白流苏所不希望的。可是，当他们后来一起在香港玩"太极推手"后，结局却是结婚了。对此张爱玲在结尾处写道："在这个不可理喻的世界里，谁知道什么是因，什么是果？谁知道呢？也许就因为要成全她，一个大都市倾覆了。"又如《怨女》中的银娣，对自己的婚姻很不满意，对丈夫的弟弟倒是有情，而对方也有意玩弄她。一次，银娣正在寺院的佛像前，他来了；于是他们在佛面前调情，她说："因为今天在佛爷跟前，我晓得今生没缘，结个来世的缘吧。"

张爱玲虽从来没有申明自己信佛，却时而让人感到她与之有着一种超越时空的心灵契合，读她的小说也常常有一种对"因缘"的不胜怅然和向往之感。在《茉莉香片》中，言家与冯家是远亲，前者是生意人家，后者为累代贵族，言子夜在给冯家几个女孩补课时与冯碧落一见倾心。在言家提亲后，冯家以言家不是诗书礼乐之家为由婉拒，而言子夜、冯碧落却在暗中缠绵。冯碧落求言子夜托人到父母面前疏通，但言子夜却因年轻气盛不肯屈尊；后来言子夜出国留学，希望冯碧落一同出走，可她没有勇气。最后，冯碧落与别人结婚后早逝，做了教授的言子夜活得好像也难尽如人意，正可谓此恨绵绵。在《半生缘》中，"因缘"就在于彼此都对对方一见倾心，这是一种难以说清的契合状态。由于世钧在第一次看见曼桢时就喜欢她，所以他用心接近她；而她不仅不躲避，而且还主动靠上去。张爱玲的好友宋淇曾说，《半生缘》这书名是爱玲考虑了许久才决定采用的。《半生缘》俗气得多，可是容易为读者所接受。或许除了这一点原因之外，也有张爱玲对于"因缘"的偏爱吧。

《良友》画报封面上的郑苹如

《色·戒》背后的刺丁事件

1950 年，张爱玲在上海写成《色·戒》初稿；1978 年，她将此短篇小说与另外两部作品结集为《惘然记》出版。《色·戒》的素材取自上海"孤岛"时期郑苹如刺杀丁默邨的事件。

郑苹如是浙江兰溪人，1918 年生。其父郑钺早年留学日本法政大学，加入同盟会；在东京期间，他与当地名门闺秀木村花子（后改名郑华君）相识并结婚，随即偕妻回到申城，并担任过江苏高等法院第二分院检察官。他们生有两子三女，郑苹如是第二个女儿，曾就读于上海民光中学。郑苹如跟母亲学了一口流利的日语，她不仅聪明机智，而且风姿绰约，照片曾刊于极有影响的《良友》画报封面。上海沦陷后，郑苹如被国民党中统吸收，她与日伪各路人马巧妙周旋，搜集了不少情报。

丁默邨起初任国民党中央组织部调查科办事员，曾以上海民光中学校长的公开身份负责一个情报小组，后任国民党军统三处处长，不久因失意跑到昆明养晦。1938年底，汉奸李士群在沪搜罗附逆骨干，得知自己的老上司丁默邨赋闲，便立即派人去昆明邀请。丁默邨与李士群一拍即合，也趁机投靠日本侵略者，二人联手于上海极司菲尔路（今万航渡路）76号建立汉奸特务组织，大肆捕杀抗日志士。1939年8月，大汉奸汪精卫一伙拼凑的伪国民党"六大"在上海出笼，丁默邨成为伪中央党部社会部部长和"特工总部"主任。

为此，国民党中统上海潜伏组织决定利用丁默邨好色的秉性，用"美人计"除掉他。郑苹如借着与丁默邨勉强扯上的"师生之谊"，经过几次见面，彼此便熟悉起来。丁默邨交到如花似玉的郑苹如自然喜出望外，而郑苹如则佯装成涉世未深的少女，不时恃宠撒娇，与他时断时续、若即若离，逗得丁默邨馋涎欲滴、神魂颠倒。

不久，国民党中统上海潜伏组织见时机成熟，便布置行动。郑苹如按照指令，请丁默邨到她家做客，由安排在郑家附近的狙击人员下手。然而，丁默邨狡诈多疑，他在轿车快到郑家时突然改变主意，借故称自己有急事命司机掉头离去，因而这次计划失败。

1939年12月21日，丁默邨在沪西一个朋友家吃午饭时，打电话邀郑苹如作陪。散席后两人同车而行，驶至静安寺路、戈登路（今上海南京西路、江宁路）口的西比利亚皮货店，郑苹如提出要买件皮大衣，并叫丁默邨帮她挑选。丁默邨的特务职业反应是，此非预先约定的地点，停留又短暂，应该不会有危险，于是跟她下车。在郑苹如挑选皮大衣之际，丁默邨突然发现玻璃橱窗外有两个人正向他打量，感到情形不对，便从大衣袋里摸出一迭钱扔到柜台上，说："你挑吧，我先走了。"徘徊店外的狙击人员猝不及防，稍踌躇了一下，等到枪声响，丁默邨已钻进防弹车扬长而去，这次暗杀行动又功败垂成。

郑苹如对此不甘心，她决定深入虎穴，孤身除奸。于是，郑苹如继续通过电话同丁默邨虚与委蛇，并暗中身藏一支勃朗宁手枪，准备伺机行动；但她哪里知道，丁默邨早已怀疑上她并布下罗网，只等她上钩。所以，当郑苹如驱车到"特工总部"准备与之见面时，就被丁默邨的亲信扣住并关进囚室。

李士群的老婆叶吉卿很快得到消息，马上派人前来审讯。郑苹如否认她与国民党中统有关系，一口咬定自己是为情所困而雇凶杀人。丁默邨虽恼恨郑苹如参与对自己的暗杀，但又迷恋她的美色，并未打算要置她于死地，只是想关她一阵子再放出。然而，叶吉卿却悄悄把郑苹如移解到别处，并不让丁默邨知道。20多天后，郑苹如被带出囚室，来人谎称丁默邨找她。随着车子七拐八弯，她被带到沪西的一片荒地，连中三枪倒下了，死时年仅23岁。

其间，"特工总部"曾以郑钺出任伪职为条件，同意保释郑苹如，郑钺最终没有答应。女儿罹难后，他心情悲伤，罹患绝症，于1943年4月抱恨而终。郑苹如的未婚夫王汉勋，曾与郑苹如相约抗战胜利后再步入婚礼殿堂，却也于1944年8月执行军事任务时牺牲。

张爱玲对郑苹如的遭遇始终怀有一种惆怅，所以她在《惘然记》卷首语中写道："这个小故事曾经让我震动，因而甘心一遍遍修改多年，在改写的过程中，丝毫也没有意识到30年过去了……"

20世纪80年代，当张爱玲在美国洛杉矶写她的最后一部作品《小团圆》时，仍情不自禁地糅入了不少昔日寓居申城时的旧事和回忆。

张大千艺惊陈半丁

经盛鸿

　　20世纪30年代的一天，北平城里的10余位名画家举行雅集。在宴会上，年龄最大、名望最高的大画家陈半丁老人兴奋地宣布：他新近搜获到清初著名画家石涛和尚的一部画册精品，精美非凡，世所罕见，为此他特地邀请北平艺苑名流第二天晚6点到他家中鉴赏。受到邀请的有中国画学会会长周养庵以及著名画家徐燕孙、马晋、王雪涛与于非等。

　　陈半丁邀请了这么多画苑名流，却少邀了一个人，此人就是当时正客居北平、初登画坛、尚无名气的年轻画家张大千。但张大千是个有名的"石涛迷"。他少年习画，就下功夫临摹石涛、八大山人的画，研习多年，画技几可乱真，有"南方石涛"之称。为此，他更千方百计地搜集与观摩石涛之画。这次，他风闻艺林有此雅集，鉴赏石涛精品，此等机会他岂能放过？因而不等陈半丁相邀，第二天下午3点张大千就直趋陈府求见，毫不客气地当面向陈半丁要求赐赏陈所收藏的石涛画册。但陈半丁的脾气是客人不来齐不出示藏画的，他对张大千这位虎头虎脑的后生小子摆架子说："我约朋友来共赏，请帖的时间是 6 点。我不能先给你看，要等朋友到齐了大家一起欣赏。你想见识，可以，但不是现在，要等到 6 点。"说完，离座而去，留下张大千一人在客厅里坐冷板凳。

年轻的张大千受到如此冷落，也是老大不高兴。但为了鉴赏石涛的稀世珍品，他不得不忍气吞声地挨了三个小时。到了 6 点多，贵客齐集后，陈半丁先在宴席上讲了一通开场白，自称幸获名迹，不敢私秘自珍，愿为友好共赏。张大千被挤在这批名流的外圈，等陈半丁捧出宝贝画册，刚刚展示，张大千就不由自主地大声叫起来："是这个册子啊！不用看了，我晓得！"陈半丁被这个年轻人的狂妄急躁弄得很生气，他揶揄地学着张大千的四川口音说："你晓得，你晓得啥子嘛？"陈半丁想，我画册还未全打开，你怎能晓得？

但这时张大千却不慌不忙地讲出，此画册的第一页画的是什么，第二页画的是什么，题的什么款，用的什么印章，如数家珍，一一道来。陈半丁与众画家一边听张大千讲，一边翻看画册，进行核对，发现张大千竟说得丝毫不差。陈半丁与众画家十分惊奇，陈在翻看时连眼镜都滑落到地上了。

画家于非惊异地问张大千："你怎么记得这么清楚？"

张大千的回答更使大家大吃一惊。他得意地说："这画册是我画的，咋个不晓得？"

原来，这画册是张大千以前临摹石涛画风的习作之一，早已流传失落多年，不知怎么竟辗转到陈半丁手里。张大千临摹之精，画艺水平之高，竟瞒过了一代国画大师与老前辈陈半丁之眼。张大千从此在画界名声大振。多年以后，张大千回忆起这段史事时，对朋友说："当时我年少气盛，才有这种鲁莽的举动，惹得陈半丁先生不高兴，其实是大可不

必的。"但就此一事，我们可以看出张大千青少年时期在学习、临摹古
人传统绘画技法上所下的苦功及其所取得的惊人成就，难怪他后来成为
享誉全球的大画家。

张大千的收藏

包立民

国画大师张大千同时是一位大收藏家。他的一生，尤其是前半生（1949 年离开大陆以前），凭着一双手、一支笔，开画展，挂笔单，费尽心力、财力，奔波于南北，往返于东西，孜孜以求，搜集了数百件隋、唐、宋、元、明、清等历代书画名迹。在他收藏的印章中，有一方刻着"故国之富"的印文，可以表达他以收藏自负的心情。论及他的收藏，有人这样评道："民国以来，海上藏家，以庞虚斋、叶遐庵、张葱玉、吴湖帆为最知名，稍后于四家，而凌驾乎其上者，则内江张先生也。"（见台湾《大风堂馈赠名迹特展图录》秦孝仪序）。

张大千收藏历代书画名迹，不同于一般藏家以秘藏为目的，视藏品为财宝，而是为了学习、临摹和研究。他研究藏品，不但提高了鉴赏能力，成为近代难得的书画鉴赏家，而且刻苦临摹历代名迹，"既经我眼即我有"，"挹彼精华，助我丹青"，临什么像什么，被人视为近代画坛上少有的能精通各家各派，最后又融会贯通、自成一家的中国画大师。

张大千的收藏起于 20 世纪 20 年代中期。应该说，他的收藏兴趣最初是受其两位老师——李梅庵与曾农髯的影响。曾、李两人喜好收藏石涛、八大山人珍品。据张大千自述，他在曾、李两师处看到了一些石涛、八大山人的真迹，"效八大而为墨荷，效石涛为山水，写当前景物，两师嗟许，谓可以乱真"。为了更多地临仿石涛、八大山人，他到处探听石涛、八大山人藏品，千方百计上门求得一看，练就了过目不忘的强记背临的本领。因索看时常吃闭门羹，藏主往往秘而不愿出示，促成他下决心自己收藏。

谁都知道，收藏是要有金钱做后盾的，没有钱就无法收藏。当时张大千尚未成名，他的画在南纸店挂不上笔单，偶尔挂上了，也卖不出去。他的生活来源主要靠父兄接济，但父兄又不是大富翁。怎么办？一个偶然的机会，使他找到了一条收藏的财路——以假换真。

有一次，曾农髯在南市古玩铺里觅到了一幅石谿横幅山水尺页，想找一幅尺寸相当的石涛山水相配，以裱成一个手卷。后来曾得悉友人黄宾虹手中有一幅石涛尺页，就写了一封信给黄宾虹，求他割爱相让，可是黄宾虹未予应诺。

说来也巧，这时张大千正好送来一幅临仿石涛的山水长卷，请老师指正。曾农髯打开长卷正在看画，恰值黄宾虹来访，也凑上前去同赏。谁料，黄宾虹一见之下，大为赞赏，并一再向曾农髯表示，愿以所藏的石涛山水尺页相换。曾农髯不便将实情说穿，加上觅石涛尺页心切，既然黄宾虹坚持要换，就以张大千的这幅仿石涛山水长卷换取了黄宾虹的石涛真迹。

张大千看到自己的仿画，竟然能瞒过著名山水画家兼鉴赏家黄宾虹前辈，且能以假换真，于是仿石涛山水画的胆子越来越大，一些附庸风雅的富商，为他的以假换真提供了财源。

张大千早期的收藏是在很艰难的条件下进行的。据他晚年自述，有一次，他买了一位江西老画家的一批收藏字画，要价 1200 元，他手头只有 400 元，而这位老画家急于卖了收藏回江西，怎么办？幸亏他的老师曾农髯得悉了这个消息，亲自登门询问，并派人及时给他送来了 800 元，才解了这个围。不然，这批眼看到手的珍品，就要失之交臂了。

他的胞兄张善子曾在《石涛山水册》的后记中记载过这样一件事："八弟季爰嗜古若命，见名画必得之为快。甑无米，榻无毡，弗顾也。甲子岁（1924 年），余客京师，八弟来会，偶于厂肆（即琉璃厂）获见此册，以索价奇昂弗能有。旋游沪渎，吴人某持此踵门求售。八弟见之，如逢故人，惊喜欲狂。卒以七百金得之，藏之大风堂。物必聚于所好，是果有翰墨缘耶？"

张大千在《画说》中说过："习画应先审定一家，作为楷模，从勾勒名迹入手，打定根基，渐次参考名家，以扩境界。"这段话正是他的夫子自道。他所审定的一家，就是石涛，也可以说，他是由临摹、收藏石涛作品起的家。那么，张大千的一生究竟收藏了多少石涛珍品？

20 世纪 70 年代初，张大千在美国曾对一位友人说过，他收藏的石涛珍品有 500 件之多。据笔者所知，"五百"是张大千从老友徐悲鸿处借用的口头语，徐悲鸿早年评张大千时曾说过"五百年来一大千"，这句评语后来成了不少人的套语，连他自己也套用过。如他在日本东京出版的《大风堂藏画集》的自序中写道："抑知吾之精鉴五百年间又岂第二人哉?!"有人问他写过多少诗词，他亦答有 500 篇之多。可见，他所说的 500 件石涛真迹，不是实数，是顺口说的一个约数。

约数，恐怕也只能是一个约数了，要求确数，怕要缘木求鱼。不过，窥看一下，各个时期他收藏石涛真迹的消长，对研究张大千的生平创作却是不无益处的。

早在 1929 年 4 月，上海举办全国第一届美展。张善子、张大千以

"大风堂"的名义,展出了二幅丈二匹石涛山水和数小幅石涛山水,而展出的八大山人却不下 10 余幅。

1937 年 4 月,南京举办全国第二届美展。在历代书画项目中,共展出石涛画迹 12 件,盖"大风堂"印记的石涛珍品占半数之多。

"大风堂"早期的一批藏品,大多存在苏州网师园,"八一三"日军攻陷江南后,这批藏品"尽付劫遗",可惜,当时没有编目,所以无法统计劫余的石涛画迹数目。

日军攻陷北平的第二年,张大千从虎口逃出,将其随身在北平的藏画约 200 件,辗转寄递,历经兵火险阻,最后运到了四川成都。四年后,张大千命门人子侄将这一批书画编了一本《大风堂画目》,详记尺寸题咏。从毕宏、文湖州、易元吉直至金冬心、华新罗,计 194 件,其中石涛的作品有 40 件,占全部藏品的 1/5 强。而八大山人的藏品只有 31 件,只占全部藏品的 1/6 弱。

1955 年,张大千在巴西寓居,出其"行箧所携,益以旅途所获,自唐迄清,精加别择",在日本精印了《大风堂名迹》四集,其中第二集就是清湘老人(石涛)专辑,印出立轴 10 件,手卷 5 卷,册页 5 件 42 页。此中有少数名迹曾见于《大风堂书画目》中,如"秋林人醉""匡庐小憩"等轴即是。从 1943 年编《大风堂书画目》到 1955 年出版的《大风堂名迹》四集,时隔 12 年,在他手中进出过的石涛藏品就达百幅(页)之多。

另据美籍美术史家傅申在《大千与石涛》一文中记载:"记得十多年前(指 20 世纪 70 年代初),在普林斯顿大学美术馆的库房里,曾经展阅过大千寄存的一大箱藏画,全是石涛、立轴、册页、手卷皆备,琳琅满目,其中大部分还未见于《大风堂名迹集》,足见其收藏之富。"由此可见,尽管张大千一生究竟收藏了多少件石涛的画已无法精确算计，但是说张大千是近代收藏石涛画迹最多的一位收藏家，恐怕不会是言过其实的。

张大千除了大量收藏石涛、八大山人两位清初大家的画迹外，还收藏了数十件隋唐宋元名迹。从《大风堂书画目》中可以看出，当时他已收藏了毕宏、文湖州、易元吉等宋画8件，赵孟、梅道人、黄子久、王蒙等元画17件。抗战胜利后，他又从北平琉璃厂古董商手中收到了不少宋元乃至唐五代名迹，其中以顾闳中的《韩熙载夜宴图》、董源的《江堤晚景》《潇湘图》最为名贵。这三幅均是南唐名迹，也是张大千自诩为"大风堂"的镇堂之宝。

《韩熙载夜宴图》是一幅丈余的长卷，共分五段，有人物，有故事，如同今日的连环画。这幅名迹，最早藏于宋宣和御邸，宋亡后，流落民间，始有王振鹏的摹本（仅有二三段）传世。到了清朝，《夜宴图》又传进宫内，为皇家御藏，盖有乾隆题署的印章。辛亥革命后，溥仪出宫时携带了大批文物珍宝，其中也有此卷（包括《潇湘图》）。抗战胜利后，溥仪的满洲国垮台，《夜宴图》《潇湘图》连同大批名迹墨宝重新散落民间。

那么，张大千又是如何收藏到这两幅巨制名迹的呢？张大千在上海收的一位学生曹大铁对此事知之最详。曹大铁回忆张大千："抵京后半月，有一素不相识者登门，邀请为之审定名画，从之。即登来人黑牌小轿车，行向颐和园西北山区，车行40余分钟，始停下，导入一茅屋内。先与吾师坚约，如不欲购置或议价不合，则坚请保密，违则以性命相拼。悉如其议，施于煤油灯下出此二卷，外又宋人溪山无尽图等九卷，索价2000两，商之再，以700两成交。其间此二卷作价500两，余七卷为200两。"由此可知，张大千是花了500两黄金，从一位来路不明的藏主手中买下了这两幅存世之宝。新中国成立前夕，这两幅名迹曾被大千携到香港，又通过一位中间商转售归还祖国，现存北京故宫博物院。

"大风堂"中另一幅镇堂之宝《江堤晚景》，则是他最为得意的收藏，也是他收藏中最富于传奇色彩的一幅名迹。

20世纪30年代中期，张大千名震北平画坛。那时，除了开画展外，听戏、看画、吃馆子成了他生活中的主要内容。每天下午，他就与二三好友逛琉璃厂。琉璃厂的铺子虽有上百家之多，但一个下午认真地看字画，大概逛三四家也就差不多了。

有一次，他与一位朋友逛到国华堂，在朋友的怂恿下，国华堂肖老板拿出他最心爱的一幅画。这是一幅没有题款的大青线山水，上面画有江畔乔松高耸，旅人骑马赶程；隔岸丛山叠嶂，楼观民舍隐隐；山左江水淼淼，一片平远风光。这幅画不仅山水人物齐全，用笔十分工细，而且气韵高古。

张大千一见大为倾倒，爱不释手，他恳求肖老板转让，但肖老板说什么也不让，还说这幅画是传家之宝，谁也不卖，准备带进棺材陪葬。张大千听说，不由大惊。但是无论他说尽多少好话，或出多高的价钱，这位老板就是不让。

不久，抗战爆发，张大千回到故乡四川。在八年中，他对这幅青山绿水无日不想，恨不能收为"大风堂"的藏品。1945年冬，张大千从上海重返北平，立即打听肖老板的下落。但是八年来，人事变迁，当初要带画陪葬的肖老板，已经亡故。还能到什么地方去寻找这幅画？幸亏他从肖老板的一位亲友处得悉，这幅画没有陪葬，而是落到了国民党一位姓韩的军长手中。这位韩军长财力雄厚，又雅爱书画，想自辟一所博物馆来展览毕生收藏，以娱晚年。因此，张大千要从这位韩军长手中得到这幅画，谈何容易。

后来，他与韩军长商量再三，韩军长开出了两项条件：（一）500

两金子；（二）20 幅明画。两者缺一不可。张大千一口答应。

当时，他手头正好有一笔开画展的钱，准备在北平买一座四合院。他当机立断，将这笔钱用来买画。

钱有了，20 幅明画到哪里去找？于是，他带着韩军长到琉璃厂去选，凡是韩看中的就买下来，七凑八凑，总算凑足了 20 幅。这便是张大千得名画《江堤晚景》的经过。

且说这幅画到手后，张大千越看越得意，看着看着，对这幅画的作者产生了怀疑。

八年前，他客居北平，初看这幅无款的大青绿山水，以为是赵雍（字仲穆，赵孟的次子）画的。回到四川的八年中，他左思右想，总觉得不对，这幅山水的气势、笔力似乎非巨然（叶源的学生）不行。这次挂到家中一看，又对巨然能否画此巨幅产生怀疑，会不会是巨然的老师叶源所作？

正在疑虑之际，他的学生肖建初（后来成了他的女婿）很兴奋地跑来告诉他说，在故宫看到了赵孟给鲜于伯机的一封信，上面有这样一段文字："近见双幅董元著色大青大绿，真神品也。若以人拟之，是一个无拘管放泼底李思训也。上际山，下际幅，皆细描浪纹中作小江船，何可当也。"

赵孟的这封信为张大千解除疑虑提供了依据。这幅大青绿山水正是双幅纸拼接起来的，景物也与信中描述的一一吻合。长期无法确定的这幅无款画的作者，至此才有了着落。他欣然命笔，在这幅画的下端题道："八年前，予居故都时，曾见董元双幅画，自南北沦陷，予间关归蜀，数年来每与人道此，咨嗟叹赏，不能自已。去秋东虏瓦解，我受降于南京，其冬予得重履故乡，丞丞谋睹此图，经二阅月，始获藏于大风堂中，慰此遐年……唯此董元为希世宝……"

张大千得到了这幅希世之宝，曾先后请旧王孙溥心畲，上海的三位著名收藏家庞莱臣、叶恭绰、吴湖帆及挚友谢雅柳等人鉴赏、题跋，其得意之情不能自已。

这幅名迹的四周，盖满了他最难得一用的收藏章，如"至宝至宝""大千之宝""张氏宝藏""球图宝""骨肉情""南北东西只有相随无别离"，说明此画在他收藏中至高无上的地位以及他与此画相依为命的骨肉之情。果然，这幅镇堂之宝东西南北，相随了他后半生，一直伴随到他生命的最后一刻。

张大千逝世后，他的遗孀徐雯波遵照他生前的遗嘱，将"大风堂"的精品捐赠给台湾故宫博物馆。从捐赠的图录中看，这批古代名迹共74件，其中隋代名迹2件、唐代名迹4件、南唐五代名迹8件（包括《江堤晚景》）、宋代名迹31件、元代名迹9件、明清及无款作品20件，其中却没有一件石涛的藏品。可见在他的晚年，已将石涛的藏品绝大部分转让了出去。正如他在《清湘老人书画编年》中写道："顾平生收藏，多已散失，行箧所蓄殊少，乃广征公私家所有……"散失是遁词，转让却是实情。为何转让？一是为了周转资金，二是此时的石涛藏品早已完成了它的历史任务，"昔年唯恐其不入，至今唯恐其不出"。张大千要向更高的创作境界迈进！

能诗善画的梅兰芳

王晓飞

已故京剧表演艺术大师梅兰芳，在京剧表演方面达到了炉火纯青的地步，同时他在诗词、绘画等领域也达到了一定的艺术高峰。

与吴昌硕结得丹青缘

梅兰芳学习写诗，是在民国初年，当时北京城的诗文大家王湘绮和易哭庵（号实甫）结识了梅兰芳，二人对梅兰芳说，"当一个艺人是容易的，但当一个名艺人不可没有文墨，更不能不懂诗歌"。其后，梅兰芳的幕僚李释戡也对梅兰芳说，"为艺人不可不谈诗，戏中若多诗意美，则为戏亦美，而人亦自美"。在名人的指点下，梅兰芳开始写诗。梅兰芳的学画则是家传，因为梅兰芳的祖父梅巧玲学过绘画，死后，留下了不少的画谱、画具和墨迹，梅兰芳便用这些画谱、画具临窗学画。喜爱梅兰芳京剧的诗人罗瘿公见梅兰芳学画心切，便对他说："学诗习画，须有师承。你现在既有心学画，不妨请王梦白先生指点指点。"其实，梅兰芳自幼就喜欢绘画，幼年时，就喜欢年画，常常仔细地揣摩画中的人物，模仿画中的人物身段，比量又比量。稍长，梅兰芳收藏了一些同治、光绪年间的戏相画，如沈蓉圃的《同光十三绝》等；他又看到咸丰同治年间的昆曲画册，特别喜爱宣鼎的《夜雨秋灯录》等。这时候的梅兰芳只是爱看，还没有想到画。

1913年11月，梅兰芳应邀首次赴上海演出，先后结识了吴昌硕等一些绘画名家，他们常常同席聚会，谈诗论艺。第二年12月，梅兰芳又去上海演出，《时报》主持狄楚青特意为梅兰芳接风，并请吴昌硕、朱古微等名流一起赴宴聚会。宴席上，吴昌硕对梅兰芳说："畹华，你这次来，我要好好地给你画一张着色的红梅。在你回去之前，我一定画好了送过去。"

时过不久，吴昌硕果然为梅兰芳画了一幅《红梅图》，上面还题了于右任的一首诗：

辉映天人玉照堂，嫩寒青晓试新妆。

皤皤国老多情甚，嚼墨犹矜肺腑香。

梅兰芳得到这幅诗画并茂的墨宝，深为感动，更加激起了学诗习画的兴趣。

自从得到吴昌硕的画，梅兰芳坚定了学诗作画的决心。不久，经罗瘿公的介绍，梅兰芳向名画家王梦白学习绘画。王梦白每周按时到梅兰芳的书房"缀玉轩"授课，教法是王先画一张画，让梅兰芳注意下笔的方法和腕力运用。画好后，让梅兰芳临摹。王从旁边指点，并告诉梅兰芳，初学画时要留心揣摩别人在作画中如何布局、下笔、用墨、调色，要反复练习，摸索规律，同时还要观察社会和自然景象。有一次梅兰芳正在王梦白家看笼里的小鸟，王梦白抓起一块土疙瘩往笼里一扔，小鸟受惊而飞。王梦白拉着梅兰芳观看鸟儿们起飞、回翔、并翅、张翼的姿态，并说画鸟兽虫鱼一定要仔细观察它们的动态。梅兰芳从老师的指导中体会到："画是静止的，戏是活动的。画有章法、布局，戏有部位、结构；画家对山水人物、翎毛花卉的观察，在一张平面的白纸上展才能，演员则是在戏剧规定的情境里，在那有限空间的舞台上立体地显本领。"除此以外，王梦白还带领梅兰芳到香山去，品赏山水树木的风采气韵，甚至还细致端详螳螂、蝈蝈的各种动态。梅兰芳就在这位启蒙老师的指导下，既从范本中学得用笔技法，又从生活中寻求"天然画稿"，致使他笔下的花草山水渗透着一股清丽素雅的灵气。

1920 年，梅兰芳又一次到上海演出，闲暇之时，同吴昌硕、何诗孙、朱古微、陈散原等名流聚会。吴昌硕看了梅兰芳画的《香南雅集图》，便应梅兰芳之邀，在画上欣然题写了两首七绝：

> 明珠拂袖舞垂髫，嘘气如兰散九霄。
> 寄语词仙听仔细，异源乐府试吹箫。

> 堂登崔九依稀似，月演吴刚约略谙。
> 赢为梅花初写罘，陪君禅语定香南。

第二年吴昌硕的儿子来到北京，梅兰芳特意画了一把花卉绶带鸟的扇面托他相赠缶翁，祝愿吴昌硕健康长寿。吴看到扇面上的画，非常高兴，深感梅兰芳对自己的敬重，便在上面写了跋语："客岁春夏间，畹华来沪，有过从之雅，尝作画奉贻，别去忽忽逾年矣。迈儿归自京师，出画扇，则畹华之贻画尤美妙，当设色写生时，必念及缶庐颓老，重可感也。迈能珍藏之，沤尹曰：是亦善承缶旨也。辛酉大暑日书此一笑，时缶年七十八。"这一画一题跋，体现了京剧艺术家和国画大师的真挚友情，一时传为佳话。

和张季直的诗文交

1919 年 11 月和 1920 年 4 月，梅兰芳曾应张謇（季直）之邀，两次赴南通演出。张謇为此特将新建的更俗剧场内一间客厅命名为"梅欧阁"，用以纪念梅兰芳来南通演出，并对在南通主演话剧和办伶工学校的欧阳予倩表示仰慕之情。梅兰芳深为感谢，演出之余，对前来祝贺的朋友说，"我年纪还很轻，艺术上有什么成就值得纪念的呢？这是他有意用这种方法来鼓励后辈，要我们为艺术而奋斗"。张謇看过梅兰芳的演出后，写诗盛赞其艺术之精，演技超群：

> 平生爱说后生长，况尔英蕤出辈行。
>
> 玉树谢庭佳子弟，衣香荀座好儿郎。
>
> 秋毫时帝望嵩岱，雪鹜弥天足凤凰。
>
> 绝学正资恢旧梦，问君材艺更谁当。

诗中表述了在南通相聚时的友情，真实地记录了梅欧联袂演出的佳话，以及结为相知的事实，兴犹未尽，又赋一首五律，题作《一月一日梅欧阁小饮即席赋诗》：

> 欧剑雄尤俊，梅花喜是神。
>
> 合离两贤姓，才梅一时人。
>
> 珠玉无南北，笙镛有主宾。

当年张子野，觞咏亦情亲。

梅兰芳感慨万千，挥毫写一首七绝《和啬翁句》：

积慕来登君子堂，花迎竹护当还乡。

老人故自矜年少，独愧唐朝李八郎。

在离开南通之时，又写了一首《临别赋呈啬公》：

人生难得是知己，烂贱黄金何足奇。

毕竟南通不虚到，归装满压啬公诗。

1959 年，"梅欧阁"落成 40 周年纪念，南通市人民委员会致电梅兰芳，向其征约纪念文章。梅兰芳回想起 40 年前张謇先生的深情厚谊和在"梅欧阁"演戏的情景，写下了一首长诗，以示纪念：

南通佳气多氤氲，人民政府举政勤。

故场重修梅欧阁，驰书千里来征文。

文拙才微不得辞，新陈迹象萦我思。

四十年前建阁初，客游是邦周览之。

忆昔我与欧阳子，后先见招皆莅止。

粉墨生涯二人同，笙簧格调诸公喜。

有乡先生能赏音，折节交到忘年深。

为题小阁挥巨笔，欲使轻材登艺林。

宛陵庐陵两宋贤，托古姓氏以喻今。

斯际我侪识宏奖，悚惶讵免望于心？

自从奔波淹岁月，消息不闻听消沉。

幸哉盛世老获睹，天清地宁咸鼓舞。

昔也衣冠优孟轻，今也教育师资伍。

满眼万端经纬新，工农生产跃进真。

六亿黎元欣作主，五洲兄弟倍情亲。

谁云沧海一粟渺，鞠部有责为功臣。

鳏生齿衰敢懈怠？日沾雨露回青春。

南通人民意何厚？搜罗宠眷及两叟。

诚知爱阁由爱人，勖其效忠明时久。

我为此事频蕤结，光荣党与往者别。

浅言还报出肺肝，感惠扬仁不须说。

欧阳吾友仍康强，大家庭中俱就列。

贡献常忘艰巨增，辛劳复可晨昏彻。

凡百遵循党领导，区区素志坚如铁！

养鸽种花勤观察

自 1914 年以来，梅兰芳即开始编演时装新戏，接着又创排了古装新戏《嫦娥奔月》《黛玉葬花》《千金一笑》。在编排新戏之前，对人物的头饰进行了仔细的研究，决定从古代字画里去找人物化妆的素材。根据古代画里仕女的装束，来制作古装新戏的编排蓝本。1917 年 12 月，梅兰芳排演了《天女散花》，其中的彩绸舞就是"根据古代绘画《天女散花图》的形象创造出来的"。天女服装上的特征是两条风带，显示着御风而行，梅兰芳就利用这两条风带来加强动作的舞蹈性，创造了歌舞联翩、声画同观的彩绸舞。

　　梅兰芳为了绘画，在家里养了鸽子，还种了一些花草。他把生鸽子买来后，两个翅膀用线缝住，使它们仅能上房，不能高飞。为的是先让鸽子认识房子的部位方向。待过几天，先拆去一个翅膀上的线，再过几天，两翅全拆，就可以练习鸽子起飞了。栽种花草是梅兰芳自小的爱好，每年的秋天养菊花，冬天养梅椿盆景，春天养海棠、芍药和牡丹，夏天养牵牛花。一年四季，总是乐此不疲地忙碌着。梅兰芳绘画一度着迷，园子里的花草，养的鸽子，都想一一画来，鸽子和花草的素描，已画了多幅，他很想就这样一直画下去。这时，一位朋友提出忠告："你学画的目的，不过是想从绘画中给演剧找些帮助，是你演剧事业以外的一种业余课程，应该有一个限度，你这样终日伏案调朱弄粉，大部分时间都用在这上面，是会影响你演戏的进步的。"梅兰芳觉得朋友的话有一定的道理，此后一段时间（到抗战中期前）便不再用更多时间绘画，而是用绘画来研究、丰富自己戏剧舞台的服饰、色彩、身段和线条，以画悟戏，以期在舞台艺术表演中体现出中国画的美学思想和艺术表现力。像《贵妃醉酒》杨贵妃几次闻花的卧鱼的身段，《黛玉葬花》《天女散花》的各种身段造型，即或是《游园惊梦》这样的面对湖光山色、花草树木的戏。梅兰芳还能准确地体现杜丽娘赏花的身段动作，他把艺术修养和生活情趣结合起来，达到了相当高的境界。梅兰芳常常为这种艺术的借鉴作用所感染，他曾回忆说："有一次，我正在花堆里细心欣赏，一下子就联想到我在舞台上，头上戴的翠花，身上穿的行头，常要搭配颜色，向来也是一个相当繁杂而麻烦的课题。今天对着这么多的天然的图案画，这里面有千变万化的色彩，不是现成摆着给我一种选择的机会吗？它告诉了我哪几种颜色的配合是鲜艳夺目，哪几种颜色的配合是素雅大方，哪几种颜色是千万不宜配合的，硬配了就会显得格格不入太不协调。"

绘画和养花，为梅兰芳舞台艺术表演增添了丰富的养料，梅兰芳也从绘画、养花中提高了文化素养。就拿化妆来说，梅兰芳认识到以前京剧旦角面部化妆都是"三白"，是受宋元仕女画的影响，宋元仕女画面部额、鼻、下颏皆白。时代不同了，人们审美情趣也变了，梅兰芳就根据清代画法，画出了心中最爱的美人，也一改旦角的面部化妆艺术，很受戏剧界称道。

和齐白石亦师亦友

1932 年，梅兰芳来北京演出，齐白石观看完他的演出，佩服得五体投地。恰巧，梅兰芳一直想向齐白石学画，通过熟人向齐白石说了想法。齐白石听说后，立即安排时间见梅兰芳。

这年 9 月的一天，齐白石来到了北京庐草园梅宅。二人握手坐定后，齐白石关切地问道："听说你最近习画很用功，看过你的画，尤其是最近画的佛像，比以前进步了。"梅兰芳不好意思，忙答道："对于绘画，我是门外汉，笨人一个，虽然拜过很多老师，但都画不好。我喜欢您老的草虫、游鱼、虾米，就像活的一样，但比活的更美。今天我诚心请您老一画，我在旁边学习学习，看看您的笔下功夫，我这就替您磨墨。"说罢，梅兰芳起身捧出文房四宝，在书桌上磨起墨来。齐白石像个孩童似的打趣道："让你这名角给我磨墨，山人委实不敢当。不过，我给你画虫草，你回头唱一段给我听，怎么样？"

"那现成。"梅兰芳不假思索道，"一会儿我的琴师来了，我准唱。"待磨好墨后，他又铺开上乘宣纸。齐白石颔首含笑，挽上衣袖，从笔筒里挑出两只画笔，蘸了一些墨，凝神默想片刻。突然，他俯身下笔。须臾间，一个毫发毕现、蠢蠢欲动的小虫便跃然纸上。齐白石下笔极快且准确，梅兰芳但见"惜墨如金"的齐白石在画成鱼鸟虫草后，笔池里的水始终是清的。

琴师到了，梅兰芳唱了一段《贵妃醉酒》。又一次，梅兰芳再三邀请师翁到缀玉轩作画，想让师翁亲自面教。齐白石欣然前往。见面后，梅兰芳要求观看作草虫图，齐白石答应了。梅兰芳连忙磨墨理纸。齐白石画完两幅草虫图后，作诗一首相赠：

飞尘十丈暗燕京，缀玉轩中气独清。

难得善才看作画，殷勤磨就墨三升。

梅兰芳捧诗吟诵，敬礼谢师。从此两人建立了深厚的友谊，梅兰芳尊称齐白石为"老师"。不久，在一位"大官家"的家宴上，二人同被邀请，赴宴那天，齐白石不慎丢了帖子，他身穿深褐色布袍，虽洗得整洁干净，但已发白陈旧。如此装束在满屋达官显贵的绫罗绸缎间，实在不起眼。加上他又一时没找着相熟之人，只能独坐一隅。偏偏门子不识相，走上前又盘问了几句。齐白石大窘，悔不该来。这时梅兰芳进来见到了孤零零的老人，独自坐在一边，忙甩开众人，快步走上前，恭恭敬敬地唤道："老师。"然后，亲自搀扶着他，走上前排。大家一阵诧异，窃窃私语："这个怪老头是谁？"

梅兰芳将头一摇，自豪地答道："这是名画家齐白石，也是我的老师。"

齐白石认为梅兰芳在关键时刻为他"圆了面子"，因此对梅兰芳十分感激。回家后，精心画就了一幅《雪中送炭图》，配诗一首，送给梅兰芳。诗云：

　　　　曾见先朝享太平，布衣蔬食动公卿。

　　　　而今沦落长安市，幸有梅郎识姓名。

梅兰芳收到画，读过诗，感慨良久，提笔给齐白石回了一首诗：

　　　　师传画艺情谊深，学生怎能忘师恩。

　　　　世态炎凉虽如此，吾敬我师是本分。

　　1946 年冬，齐白石在上海举办画展时，梅兰芳邀请师翁观看他主演的《霸王别姬》，这是抗战胜利后的首场演出。演出结束后，梅兰芳向台下的齐白石先生谢幕两次，以表师徒之情。坐在齐白石身旁不明底细的老戏迷们大为惊异，连忙趋近问："老翁您定是大戏班子里的大老板，连台上最有名气的梅老板也得两次向您谢幕。"齐白石幽默地微笑说："非也，我是小纸班子里的小老板，天天唱的是'草虫戏'与'虾蟹戏'。"观者一时疑云难消，直待散场梅兰芳扶送师翁上车时，才恍然大悟。

蓄须明志　深居简出

　　日寇占领上海不久，就注意到蜚声世界剧坛的艺术大师梅兰芳居住在上海，他们企图让梅兰芳出来为他们演戏，宣扬日本帝国主义的"皇道乐土"。首先是要梅兰芳在电台上讲一次话，梅兰芳以要外出为由，拒绝了他们。不久，梅兰芳携带家眷和剧团演职人员，乘船来到香港。深居简出，静下心来，研究绘画。

　　那时，梅兰芳为了打发寂寞的时光，早上坚持打两套太极拳，活动活动筋骨后才进早餐。然后边看报纸，边听时事新闻和戏曲节目。午后，利用一段时间学习英语和中文，为了不使自己发胖，梅兰芳还同舞蹈教师去一家俱乐部打上一阵子羽毛球。晚上，梅兰芳把大部分时间用在绘画和为照片着色上。给照片着色，是梅兰芳的一种新的喜好，同时也展现了他的绘画技艺的功力，他着色匀称淡雅，用笔细致，层次分明，给人一种鲜艳的感觉。有一件事非常能够打动人，有一天，梅兰芳正在绘画，一位朋友的夫人拿来一张照片问他能不能给照片着色，梅兰芳看了看照片，说"可以"。照片描好了，朋友的夫人看到照片后，非常惊讶地说，"这哪是照片啊！简直就是一幅绝妙的古代仕女图了"。梅兰芳不仅为别人给照片着色，他还为自己和夫人合影的照片着色，装裱后，挂在自己客厅的墙上，每当来梅家的人看到后，都夸赞梅先生的描色功夫非同一般。

1941年12月下旬，日军占领了香港，梅兰芳感到事情非常不妙，便有意地留起了胡子，友人看到后不理解，梅兰芳说，"别瞧这一小撮胡子，不久的将来，可能会有用处，日本人要是蛮不讲理，硬要我出来唱戏，那么，坐牢、杀头，也只好由他"。果然不出梅兰芳所料，没过几天，驻扎在香港的日本驻军司令酒井就派人来找梅兰芳，当酒井见到梅兰芳留起了胡子时，惊诧地问道："梅先生，您怎么留起了胡子呢？像您这样的大艺术家，怎么能退出艺术舞台呢？"梅兰芳沉着镇定地说："我是一个唱旦角的，如今年岁大了，扮相也不好看，嗓子也不行了，已经不能再演出了，我已经多年在家赋闲，颐养天年喽！"没过几天，日军派人来找梅兰芳，要他务必登台演出几场，来表示日军进驻香港后的繁荣，梅兰芳这时正巧患牙病，半边脸都肿了，日本鬼子无奈，只好作罢。

怒斥汪伪的威逼利诱

梅兰芳从香港回到上海，当天夜里，梅宅的电话铃便响个不停。家人通报说是一个叫吴世宝的打来的，梅兰芳接过电话，问有什么事。对方说，听说梅先生回来了，准备明晚为梅先生设宴洗尘压惊，同时要梅兰芳做好准备，参加即将在南京举行的汪精卫任政府主席的开国大典的慰问演出。梅兰芳刚一到家便听到这样的消息，心头不由得一震，才出虎穴又入狼窝，这世道真是没法让人活下去了。梅夫人见状，心中很是不安，便对梅兰芳说："不行的话，明天的赴宴我去。"第二天，梅兰芳夫人和家人前往汪伪政权的特务机关的 76 号宅院。特务头子吴世宝对梅夫人说："梅老板蓄起胡须，是为了在国人面前要个面子，我看太太应该关心他才是。如今日本人当道，还是识相点为好。"梅夫人立即斩钉截铁地回答说："梅兰芳是个中国人，就是以不卖祖宗坚守气节而名闻天下的。"吴世宝气急败坏地接着说："梅老板演了几十年的戏，大概还没有领教过我吴某导演的舞台吧。"说罢，他领着梅夫人穿过一条阴森森的甬道。然后一按电钮，打开一个铁门，呈现在梅夫人面前的便是一些血淋淋的刑具。梅夫人毫不惧怕地对吴世宝说："梅先生说过的话和他演的戏一样，从来不含糊。"吴世宝见吓不住梅夫人，恼羞交集地说："参观暂告结束，请赴宴。"宴席上，梅夫人酒不沾、菜不尝，气得吴世宝暴跳如雷，立即令打手端来一只小铁罐，奸笑着对梅夫人说："既然梅太太不肯赏脸，我这有一罐特别的名酒，请转送给梅先生。"

梅夫人揭开罐盖，一股强烈的刺激气味扑面而来。面对这样的威胁，梅夫人毫不惧怕，坚定地回答道："硝镪水能毁灭一个艺术家的面容，却绝不能毁掉他的国格、人格。"说完，拂袖而去。

梅兰芳听过夫人的讲述，感到问题的严重，苦苦地思索着对策。梅夫人见丈夫焦急不安的样子，安慰丈夫说："你放心，事到临头，我自有应急的办法。"

第二天，全家人聚在一起正在商量时，家人忙来通报说，日本人到我们这来了。梅夫人一听，忙站起来，从抽屉里拿了一支四联防疫针，找出针筒，叫梅兰芳躺在床上，打入了这一针药。不一会儿，梅兰芳就开始发起高烧来了。这时，日本人也到了。见梅兰芳高烧不退，无奈，待了一会儿，就走了。

梅兰芳回到上海不久，就接到香港银行打来的电报：梅兰芳在香港的高额存款全部冻结。本想靠港地利息过日子的梅宅寸步难行了。刚巧，这一天的报纸上登了何香凝女士靠卖画谋生的消息。梅夫人眼前一亮，对梅兰芳说："何女士也是强硬不低头的，她靠卖画谋生了。我看你何不学学她，靠卖画度日。"梅兰芳点头称好。

当天下午，两口子便坐在小楼下，一个磨墨，一个凝思。半天不到，便画出鱼、虾、梅、松等几幅画。连续画了七个半天，画了20多幅。梅夫人托人拿到字画店去卖，当日，字画店门口贴出醒目的广告："本店出售梅兰芳先生近日画作，欢迎光临！"仅一天时间，就卖去大部分。

梅兰芳售画的消息传开后，上海文艺界、新闻界、企业界的知名人士为了声援蓄须明志、不为日伪演出的梅兰芳，决定为他举办画展。梅兰芳用了半个月的时间，画了几十幅，交给主办者。重阳节这一天，梅兰芳和夫人兴高采烈地提前一个小时去参加剪彩仪式。赶到展览馆时却不甚热闹，冷冷清清，便衣警察来了一大群。梅兰芳走进大厅，到画前一看，件件画幅的边角都用大头针别上小纸条，上面分别写着："汪主席订购""周副主席订购""冈村宁次长官订购"……还有一些别着"送东京展览"的字样。原来是日本鬼子和汉奸们利用了这次画展来搞亲善日伪的宣传。目睹此情此景，梅兰芳和夫人气得两眼冒火。拿起旁边桌子上的裁纸刀，刺向自己精心绘制的国画，"哗哗哗"，仅几分钟时间，几十幅用心血换来的国画霎时变成了纸条。

这一天，伪《国民日报》抢先发表了头号新闻：《为表示中日亲善，梅兰芳画展今日在沪开幕。汪主席偕夫人专程前往剪彩》，不过，同一天的《新民晚报》也刊出一篇消息："梅兰芳愤然毁画，褚部长目瞪口呆，一场画展，一场虚惊！"

梅兰芳毁画一事，顷刻间就传遍了整个上海滩，也迅速地传遍了全中国。宋庆龄、郭沫若、何香凝、欧阳予倩都发表了严正讲话，声援梅兰芳的信件不断地寄来。梅兰芳看到这些信件，听到同志们的讲话，激动得热泪盈眶，满怀豪情地说："好！好！我梅兰芳再也不是孤燕一只了。"

呕心沥血办画展

梅兰芳蓄须明志，长期不演出，断了经济来源，生活拮据起来，先卖了北京的房子，继而又开始卖自己心爱的藏品，后来不得不举债度日。有些戏院老板知道他生活陷入绝境，揣着金条，又来约他唱戏。梅兰芳宁可受穷，也不改初衷，一口回绝。可是日子总得过下去，一些老朋友劝他："不演出，何不卖画为生？"梅兰芳就去问老画家吴湖帆、汤定之："我的画能卖钱吗？"两老说："行。"还建议他办个画展，说办画展得200幅画才像样，希望他加紧作画。又给他出主意：说他能画梅，叶誉虎善画竹，两人合作办画展，效果更好。

梅兰芳作画时间多是在晚上，那时沦陷区常常有空袭警报，电灯必须罩上黑布，日伪当局规定晚上居民不准使用大瓦数灯泡，更不准漏光。因时常停电，便只能用一盏汽灯照明。梅兰芳就是在这种艰苦的环境下作画的，而且往往要画到深夜才得休息，曾有多次画到天大亮，仍不停笔。有一次梅兰芳作画出了神，一不小心手指碰到汽油灯，烫起一个大泡。当时他有点懊恼，因为手疼一个星期不能作画了，过后梅兰芳经常指着手指上的疤痕说："这是我在艰难岁月里学画的纪念。"一天，吴湖帆和汤定之来到梅宅，梅兰芳把他已经画完的画拿出来让二老看，二老看后非常满意，认为梅兰芳的画技有了很大的进展，可以展出。同时，建议在梅兰芳画幅精品中，可请知名画家在画心上题词，以壮声势。梅兰芳画了一幅《古松图》，并在画上题写了前人的诗句：岂不罹霜雪，松柏有本性。他连续作画八九个月，终于完成了200多幅作品。

1945年春天，在上海成都路中国银行的一所洋房里举行了梅兰芳、叶誉虎画展。画稿主要是梅兰芳的作品，有170多幅。包括仕女、佛像、花卉、翎毛、松树、梅花等，其中有一部分是梅兰芳和叶誉虎合作的梅竹，还有一部分是梅兰芳同吴湖帆等人合作的作品。梅兰芳的这些画稿受到广大参观者的好评。

画展的作品大半卖出，还有部分未展出的作品、画稿，是抗日战争期间梅兰芳练笔之作，当时并未示人。画展取得了成功，梅兰芳又苦又涩地说："一个演员正在表演力旺盛的时候，因为抵抗恶劣的环境，而谢绝舞台生活，他的苦闷是无法用语言来形容的。前天还有老板揣着金条来约我唱戏，广播电台时时来纠缠我。我连嗓子都不敢吊，我画画，一半是维持生活，另一半是借此消遣，否则，我真是要憋死了。"

解开梅兰芳与瑞典王储合影之谜

———

戴怀德

1997 年 1 月 29 日的《文汇报》报道：瑞典驻华大使林德思将一帧梅兰芳与瑞典王储合影的照片精心复制了两份，分赠梅兰芳纪念馆和外交部京剧学会，这张照片记录了 1926 年瑞典王储访华时同梅兰芳在东单无量大人胡同梅宅会面时的情景。记者就此写道："有趣的是，照片上除了梅兰芳夫妇、瑞典王储和王妃，还有另外一些人，没有人知道这些人是谁，还有照片为什么、何时从皇宫图书馆转到驻华使馆。……一连串的谜给照片笼罩上一层奇异而神秘的色彩。据悉，一些有关人员曾专门对照片进行了查询考证，结果仍是不详。"我是 70 年前那次活动的参加者，照片中也有我。为帮助人们了解这张照片，特发表我和姐姐怀诗于 1981 年 10 月写的一篇回忆，并对照片中的中国人做一简单介绍。

珍贵照片传友情

追记瑞典国王古斯塔夫六世 1926 年访华的片段活动：

144

1926 年 10 月，瑞典王储古斯塔夫六世访华时与梅兰芳等合影

　　1981 年 9 月 14 日，瑞典国王卡尔十六世·古斯塔夫陛下和王后西尔维娅陛下来我国访问。18 日晚我们在怀彝弟弟家看电视，听到国王陛下在电视讲话中回顾了他的祖父古斯塔夫六世·阿道尔夫国王一生热爱中国艺术和文化，多年来致力于瑞中友好和文化交流的事业。国王的讲话引起了我们的关注。第二天早晨，当我们看到《人民日报》发表了一张珍贵的照片——1926 年 10 月，古斯塔夫六世·阿道尔夫王储（1950 年在位）夫妇来华访问在著名京剧艺术家梅兰芳先生家中做客时拍摄的照片。这是一张多么熟悉的照片呀！其中记录了我的父母和我们兄妹四人陪同王储夫妇参加梅兰芳先生招待活动的情景。当时，我们很激动，不禁浮想联翩，回想起 55 年前的一段往事。

　　我父亲戴陈霖（1873—1960）原是驻法国和北欧国家的外交官，曾任驻法国代办，驻瑞典、挪威、丹麦和驻西班牙、葡萄牙等国的公使，1921—1925 年在瑞典任职，当时古斯塔夫六世王储担任瑞典研究中国文物、艺术的"中国委员会"的主席，并致力于收集、鉴赏、研究中国文物的活动。我父亲平时喜爱祖国的艺术、文物，公使馆里布置有国画、古玩、红木家具和雕漆家具，古色古香，显出一派高雅的中国情趣。这引起了古斯塔夫六世王储的兴趣。在瑞典时王储与我父亲有过亲密交往。1926 年，父亲回国后在外交部任参事。因此，古斯塔夫王储夫妇1926 年访华时，便安排由父亲参与接待，陪同王储夫妇参观故宫博物院、周口店"北京猿人"原址、长城和十三陵等名胜古迹。听父亲说，在游览过程中，王储曾问起我父亲有几个孩子，并热情地要我父亲带我们兄妹陪同他们参观。

由于梅兰芳先生同我父亲也是至交好友，所以第二天，在父母的带领下，我们兄妹四人（哥哥怀陶、大姐怀班和我们两人）便应邀参加了梅兰芳先生的招待活动。那时我们年岁还小（怀诗 17 岁，我 11 岁），听说要去陪伴王储和公主，心中既高兴又不免有些紧张。记得当时梅先生的住宅在无量大人胡同。见面后，王储和公主便拉着我们的手，亲切地和我们交谈，那种平易近人的态度，使我们紧张的心情自然地消失了。那天，梅兰芳先生表演了《霸王别姬》中"剑舞"的一折，王储夫妇对梅先生精湛的演技赞不绝口。照相时，因为我年龄最小，王储便拉着我坐在他的身旁。梅先生还展示了他收藏的文物、古玩，临别时，梅先生又把一枚心爱的鸡血石的印石赠送给古斯塔夫六世王储，王储十分高兴。

后来，大姐怀班和怀诗还跟随父母亲，陪同古斯塔夫六世王储夫妇一起游览了十三陵。当时十三陵游人不多，但王储由于对中国艺术和文化的热爱，游览时兴致很高，他时而仔细地欣赏甬道旁的石人石马，站在石雕骆驼旁拍照，时而又表述他对中国文物的赞赏，不时流露出对中国古老文化的浓厚兴趣。那天我们还陪同王储夫妇在十三陵附近野餐。主人方面用从城里带来的西餐招待客人，王储却主动地为我们分菜，他那无拘无束、热情恳切的态度，给我们留下了深刻而难忘的印象。

在离开北京之前，古斯塔夫王储曾赠给我们两张用带王冠的银镜框装饰起来的王储夫妇的大幅照片和两个雕花玻璃缸作为纪念。多年前我们一直把这些珍贵的礼物和当时拍摄的照片珍藏在家里。这些友好的纪念品如果能保存下来该多么好啊！

现在，时间已经过了半个世纪。但是，当我们看到这张珍贵的照片，便情不自禁地想起50多年前跟随父母亲陪同古斯塔夫六世夫妇参加的这段难忘的友好活动。新中国成立后，古斯塔夫六世国王领导的瑞典王国是较早承认我国的友好国家之一，此后两国的友好和文化交流便有了进一步的发展。作为50多年前接待过瑞典王储的普通中国人，我们也为此感到由衷的高兴。可惜的是我父母和大哥大姐已经去世，不然他们也一定会和我们一起为中瑞两国源远流长的友好关系而欢欣鼓舞。我们愿借此机会，祝愿中瑞两国的友好情谊，世世代代发展下去，万古长青。

写于1981年10月

以上是当年写的回忆。这里，我想补充介绍一下照片里的几位中国人：右边坐着的第一位是我的父亲戴陈霖（前驻瑞典公使），家父左边站立者是二姐怀诗（生于里斯本），二姐左边站立者是我的母亲刘栗，母亲左前方就是我（生于马德里，当时11岁）；左边第二位是我的哥哥怀陶（生于葡萄牙）、第五人是大姐怀班（生于西班牙），姐姐身后右侧的两位中国人（从左到右）是梅先生的秘书许姬传和京剧专家齐如山（此人1948年底去台湾），梅兰芳身后有一对身材较矮的中国人是外交官习作谦公使（当时是外交部的官员）的弟弟（可能也是外交官）和弟妹，其他人，我们不大认识。

郭兰英情系张家口

杨继先　张恒宝

岁月的风尘可以冲淡许多往事，但却冲淡不了郭兰英对张家口的记忆。多少年来，每当谈及自己的演艺生涯，每当回首自己走过的革命道路，这位人民歌唱家总要提到张家口，总要用真挚的话语表达对这方土地和这方土地上的人民的深深感激之情。她曾多次向人们说过："张家口是我的第二故乡。"

是的，在郭兰英的人生经历中，"张家口"这三个字曾经为她的艺术生命和政治生命增添过亮丽的色彩，是她多姿多彩的人生道路的起步线，是她灿烂辉煌的艺术业绩的奠基处。她成长于张家口，参加革命于张家口，张家口是她的"第二故乡"。

唱红张垣　名伶走上革命路

郭兰英1930年12月31日出生于山西省平遥县香乐村的一个贫苦农民家庭，小名叫凤儿。六岁时父母就为生活所迫送她到太原学艺。从此，她被当时的山西梆子坤伶郭凤英（艺名十一生）收买为徒，步入梨园，开始了坎坷的艺术生涯。在戏班里，师娘（郭凤英之养母）给凤儿起名郭兰英，并教她学戏。在戏班里，她同其他学戏的孩子一样，受尽欺辱，备尝辛酸。1942 年前后，郭兰英随着师娘全家，从太原来到张家口，搭了成霸赵步桥的班子，在南营坊同德戏院演戏。那时，她才 14 岁，尚未出徒，就正式"挑梁"演出。她演的第一个戏是《算粮登殿》，饰剧中王宝钏这一角色。登台亮相后，她那洪亮的嗓音、优美的身段、精湛的演技一下子征服了观众的心，赢得了满堂彩。接着，又演了《明公断》《教子》等戏，进一步博得了观众的喜爱。广大戏迷很喜欢这位扮相美、嗓音冲、吐字真、做派好的晋剧新秀。戏班无论到哪个台口演出，观众都热情地点她的戏。一时间，山城戏迷争夸郭兰英，在他们中间，流传着两句表达心声的"顺口溜"："宁卖二斗红高粱，也要听郭兰英唱一唱"，"误了相亲坐席，别误了看郭兰英演戏"。

在张家口第一次解放时，郭兰英所在的剧团已经以演员阵容整齐、做戏认真而著称塞外，郭兰英本人更是声名远扬，只要是由她主演的戏，场场观众爆满，如她演的《血手印》《断桥》，虽有丫鬟青儿作配，但都是她一个人单独唱。台上角色很少，主仆二人外加一个林兆弟（饰许仙），但台下却鸦雀无声，秩序井然。郭兰英不负众望，施展了全部演技，她那大段大段的唱腔令观众如痴如醉。每到演出高潮时，观众掌声如雷贯耳。终场后，观众仍是依依不舍，不愿离去。

在张家口三年间，郭兰英演出过《秦香莲》《算粮登殿》《金水桥》《打金枝》《桑园会》等百出以上晋剧剧目，而且在多数剧目中充任主角。像这样"少小挑大梁"的演员，在当时是很少见的。其所以声名鹊起，誉满张垣，固然与她的艺术天分有关，但最根本的，还是因为她能够勤学苦练，治艺严谨，从而积累了深厚的艺术功底，她在台上的一招一式、一颦一笑，无不是厚积薄发的结果。

1945 年 8 月 23 日，八路军从日寇手中收复了张家口，一大批来自延安等抗日根据地的革命文艺工作者云集塞外山城，广泛开展了前所未有的革命文化运动。他们不仅将《逼上梁山》《三打祝家庄》等深受毛泽东好评的名剧搬上舞台，而且还在街头搞宣传、演活报剧……这一切、一切，恰似春风扑面，使郭兰英身心为之一振，产生了一种从未有过的新鲜感。一天晚上，得知人民剧院要演出由华北联大文工团和晋察冀军区抗敌剧社联手排练的新歌剧《白毛女》的消息后，她顾不得当晚还主演《血手印》，背着师娘，悄悄跑到了人民剧院。《白毛女》生动感人的情节、别开生面的表演、民族风味浓郁的音乐和唱腔以及剧中人喜儿的命运都在她的心中引起巨大震动，直到快该自己上场了，才匆匆赶回相距不远的新新剧院。从此，这位年轻的晋剧坤伶的心头，渐渐萌发了参加革命、希望成为一名革命文艺战士的愿望。

这时候，我党的文艺工作者何迟、贾克、王久晨等同志正在中共张家口市委宣传部下设的戏剧工作委员会工作，他们遵照党的指示，深入旧剧界，和广大戏曲演员一起开展了"旧戏改革"工作，建立了艺人群众组织"旧剧联合总会"，下设五个分会，分别设在庆丰、裕民等几个剧院。郭兰英在第三分会，演出地点为新新剧院。当时，该分会的演出特点是：晋剧、京剧演员同台合演一出戏，演唱梆子、皮簧两种声腔。第三分会上演的第一出现代戏是《日寇离张记》，该剧剧情直接反映了当时的社会现实，与人民生活紧密相关，所以在观众中反响甚为强烈。在另一出新剧《枪毙白面犯》（后改名为《戒毒强国》）中，郭兰英饰"月饼妻"，她与饰"张月饼"的京剧演员关玉峰同台演唱，各唱各的腔调，各念各的韵白，令观众耳目一新。这些新戏，虽然似显粗糙，但却对郭兰英影响甚大。在革命新文艺的影响下，她找到了华北联大文工团，表达了参加革命的愿望；她和戏班其他演员一起，斗争了狠毒的师娘，并在斗争中提高了阶级觉悟。可以说，张家口第一次解放，是郭兰英政治上和艺术上的重大转折点。从此，她结束了"台上主人台下奴"的旧艺人生活，走上了革命的道路。

郭兰英参加革命的具体经过是这样的：1946 年 10 月 8 日，国民党军队逼近张家口，内战危机迫在眉睫，我军奉命作战略转移。在敌军攻入前五天，华北联合大学从张家口撤退到了西合营，此时，文艺学院院长沙可夫、艾青同志得知了郭兰英想当一名文工团员，正在寻找八路军的消息后，立即请示成仿吾校长，成校长即派贾克、沙新、郝学三位同志连夜赶回张家口去找郭兰英。当他们赶到张家口时，敌人的飞机已轰炸一天了，郭兰英唱戏的庆丰戏院里，早已一个人都没有了，他们又找到了邓拓同志，邓拓同志说："我已是最后一批撤退的了，敌人已到上堡，到哪儿去找郭兰英，赶快和我一起撤退。"而此时，郭兰英正在硝烟弥漫的火光下，到处找联大文工团。恰巧华北军区抗敌剧社撤退得晚，郭兰英找到抗敌剧社的王久晨和解放后写过《买猴》相声段子的何迟同志，郭兰英表明决心，抗敌剧社领导决定带郭兰英撤退。就这样，郭兰英成了革命队伍中的一员。

在同志们的帮助下，她进步很快。1947 年春节期间，她随华北联大文工团来到冀中束鹿，参加了军民联欢演出，这是她参加革命后的第一次演出，她参演的节目是《王大娘赶集》，扮演剧中王大娘女儿玉池这一角色。随后，她又在解放了的石家庄参加了歌剧《白毛女》的首演，饰喜儿。当喜儿被大春救回参加斗争会时，这个年轻姑娘联想到自己的苦难身世，悲愤填膺，手指地主黄世仁大声控诉，泣不成声，致使导演不得不从幕旁示意她控制感情……由于她戏剧功底好，再加上那富有创造性的表演，极大地征服了观众的心，还得到了前来观看演出的周恩来副主席的高度赞扬。

新中国成立后，她到了中央歌剧院工作。20 世纪 50 年代，她在世界青年联欢节上演唱了由太谷秧歌《苦伶仃》改编的《妇女自由歌》，这支歌的演唱充分显示了她在民歌艺术上的造诣。初出国门，一曲走红，布达佩斯的观众为之倾倒，她因此而获奖，名震国内外。随后，为电影《上甘岭》演唱了插曲《我的祖国》，一时风行大江南北；继而排演了新歌剧《刘胡兰》《小二黑结婚》，在剧中成功饰演了刘胡兰与小芹，产生了极其广泛而深刻的影响。此外还为电影《我们村里的年轻人》配唱插曲《人说山西好风光》，是带有浓郁山西味的民歌。60 年代初，在大型音乐舞蹈史诗《东方红》中，她又饱含激情演唱了《南泥湾》一歌。她那清脆甜美的歌声不仅使现场观众得到了美的享受，而且还随着纪录片的播放和无线电波的传送而打动了亿万人民的心。时至今日，仍深深留在观众的记忆里。1963 年，毛主席发出了"向雷锋同志学习"的号召后，她又演唱了一首动人的歌曲《八月十五月儿明》，久唱不衰，影响很大。她获得了"人民歌唱家"的美誉。这美誉，既是音乐界同人给的，更是人民给的。这一时期，郭兰英还主演了歌剧《窦娥冤》，也颇受欢迎。

下放塞外 "特批"演出撼人心

"文革"期间，郭兰英被下放到张家口地区的蔚县北洗冀村接受"劳动改造"。令她感到欣慰的是，淳朴的乡亲们从没有把她视为"另类"，他们暗暗地关心她，在力所能及的情况下照顾她，特别是房东大娘阎玉荣对她的照料更是无微不至，每天都嘘寒问暖，还经常为她做些可口的饭菜……在两年多的"劳动改造"期间，郭兰英与乡亲们结下了深厚的情谊，她心头总是涌动着对"第二故乡"人民的深深感念之情。她也在尽心尽力地给乡亲们以充满爱心的回报：她接济过房东，她看到邻居马存前家孩子多、女人有病、生活异常困难，就将自己的一些衣服送给他们，并送上40元钱……

乡亲们还一直渴望着，渴望着有一天能亲耳聆听郭兰英的歌声。这一天终于来到了。1970年秋，中国歌舞剧院的"文艺连"到蔚县北洗冀村进行慰问演出，演出前夕，乡亲们表达了一个强烈的愿望：希望能同时看到郭兰英的演出。"文艺连"连部立即向上级请示，终获同意。热情的村民听说有郭兰英的节目，立即把这好消息传给了十里八村的乡亲。那天，临时搭起的大戏台前，人山人海，密密麻麻地聚集了2万余人。郭兰英是第三个出场的，她一登台，全场掌声四起。她迈着娴熟的台步，走到台前向观众深深鞠躬，这是她郭兰英发自肺腑的感动与感激啊！她从唱《忆苦歌》开始，一连气唱了四支歌。这歌声，那么炽烈、那么动情，激撼着2万多名观众的心。乡亲们感谢她的真诚，又一次回报她以雷鸣般的掌声。此时的郭兰英，眼眶里充满了泪水，这是激动的泪水，是感激的泪水，是欣慰的泪水。

此后不久，她的情况引起了周恩来总理的注意，在周恩来的关怀下，她终于在1972年重回北京，生活上虽然有所改善，但仍然不能登台演出。1976年1月，周恩来逝世的噩耗使她悲恸欲绝，她久久沉浸在痛苦中。"四人帮"被粉碎后，她得以重返舞台，登台前，她含着泪改写了《绣金匾》一歌的歌词，加进了"三绣周总理"一段。演出时她内心的激情如火山般爆发："三唱周总理，人民的好总理。鞠躬尽瘁为革命，我们热爱你。"这歌声和她的泪水融为一体，催人泪下；这歌声和她的心声融为一体，感人至深。她的演唱，在全国引起了空前的轰动。一时间，街头巷尾，到处是人们传唱《绣金匾》的歌声。

回京后的郭兰英，不会忘记在危难中帮助过她的乡亲。她经常给房东阎玉荣写信问候，曾两次邮钱给她，邀她到北京。郭兰英多次陪她参观游览，还为她添置衣物。北洗冀村村民去京办事，郭兰英也要抽暇见上一面，为他们排忧解难。当郭兰英重返舞台后，全村人奔走相告，又一次表达了乡亲们对郭兰英的尊敬之情。

重游故地　声情并茂唱"银屏"

1983 年，组织上决定把郭兰英从中央歌剧院调入中央音乐学院任教。这意味着她将从此告别舞台。想到这些，她不禁再一次萌生了对生她养她的故乡——山西和促使她走上革命征途的第二故乡——张家口的怀念之情。于是，她欣然决定：借调动工作的休假空隙，重游故地，再唱晋戏，同时回访旧友，以再一次表达自己对两地人民的怀念和感激之情。

她先赴太原演出数场之后，于 4 月 10 日回到了阔别多年的第二故乡——张家口。一下火车，她就受到地市领导和旧友新朋的热情欢迎和接待，她感动了，她体会到了浓浓的乡情。下榻不久，她不顾一路的风尘和劳累，欣然接受了《张家口日报》记者的采访。

谈到张家口，她的思绪像插上了双翅，立即飞回到记忆之海。她说，我这次到张家口来，许多小时候的印象记忆犹新，历历在目，她喜爱张家口的一草一木。她说："也许是太兴奋了，回到故乡来，什么都是新鲜的。第一个就是看到人民剧院（那时是华北联大演剧的场所），现在门脸改了，旧日的痕迹还在。当初从南营坊到新新剧院演出，在清河桥上不知走了多少遍。真是抚今思昔，沧海桑田啊！"她还兴致勃勃地谈到了新新剧院的那个上戏台的梯子。她说，看见它，想起一件事，事情是这样的：第一次解放，华北联大在人民剧院演《白毛女》，郭兰英同志像着了迷似的前去观赏，喜儿的不幸遭遇和自己多相似啊，可是新新剧院还有她的压轴戏《血手印》，听到剧院锣鼓的响声，她如梦方醒，擦着腮边的泪水，急匆匆赶回去，一上梯子就把鞋子后跟给崴掉了。当时解放区的革命斗争生活使她倾心了、陶醉了，她毅然离开旧戏班，参加了革命……

说着、说着，郭兰英又深有感触地轻诵起一首唐诗来："少小离家老大回，乡音未改鬓毛衰。儿童相见不相识，笑问客从何处来。"（贺知章《回乡偶书》）诵罢此诗，她眼里又噙满了泪水。接着，她饱含深情地说："我是向家乡人民汇报来了，我非常想念我的老师兄、老师姐。张家口是我的第二故乡，故乡人民好不容易把我盼来了，我总得要和家乡人民见见面，17岁时离开了张家口，到现在这么多年我搞的是音乐、歌剧，把晋剧忘干了，这次要抖搂一下旧东西，让老观众再看看。"说到这里，这位驰名中外的歌唱家谦逊地说："让我现在演晋剧，我心里感到很紧张，不过既然来了，我就得要重操旧艺；不然，我怎么向家乡人民交代呢？这倒不是丑媳妇怕见公婆，我倒觉得是回娘家，孩子怎么丑，娘也不会嫌弃她。"这番感人肺腑的话，使前来采访的记者心头怦然一动，更生钦敬之情。

来到张家口，她首先要做的是会晤梨园老友。她和王桂兰、吉凤贞、南定银、关玉峰等一批曾经同台演出的晋剧、京剧老演员一一相见，畅怀倾谈，重叙旧谊。言谈举止间，没有半点"名家"的架子。

那是在一个金光飘洒的清晨，她在宾馆与师叔——市晋剧团演员南定银见面了。久别重逢，百感交集，自然忆起了当年在南营坊"同德戏园"演出时的情景……

当年他们同台演过《莲花庵》《孟姜女》《扫窑》《窦娥冤》等戏。郭兰英对南老在《走雪山》《三娘教子》《清风亭》里的表演记忆犹新，谈起来仍赞不绝口。她说，演《清风亭》，南师叔的一声浑厚有力叫板"张继保——"就赢得满堂彩。演《三娘教子》，他饰老薛保，我饰三娘。打孩子那段，他演得特别好。我唱："薛保讲话理当然，背转身来心自惭，手持家法往下打。"连唱带做举鞭打孩子。老薛保把孩子往身后一拉，用拐杖架住鞭子，一边颤抖着身子左右拦挡，一边唱道："老奴上前忙遮拦，要打，你把老汉打，你打我少东家，我害心疼。"把老家人既劝三娘教子，又怕打坏孩子的心情，刻画得活灵活现。

郭兰英说：南师叔对艺术精益求精，一丝不苟，每一个细小动作都充满了真情。在《走雪山》里演老曹福仰面摔倒动作时，他"啪"的一声，直挺挺地摔倒在地上，摔得干脆、利落、逼真，每演到这里我都心疼得不得了。她还深有感触地说："南师叔把艺术当作生命，无论演主角或配角都十分认真。没有戏时，从不贪图安逸，两眼紧盯着别人表演，吸收各家艺术精华。我特别喜欢同他一起演戏，他的艺术深深地感染着我、启发着我。"

谈起师叔的表演艺术，兰英同志兴致越来越浓，她细致地描绘了南师叔一上台，观众把眼睛睁得大大的盯着他的情景："他眉眼传神，牵心系魄，尤其捋髯、抖髯、颤手、摇头及深厚的圆场功，就像是撒出去的网，把观众的神情都拢住了。几句平常的台词，到他嘴里便妙趣横生，韵味无穷，使整个戏院鸦雀无声，给人以艺术享受。他不但做工细腻，塑造人物性格鲜明，而且那洪亮而富有魅力的唱腔，一开口就像锤子砸下去发出叮当悦耳的响声……"

时间在谈话间悄悄地消逝，将近一个小时过去了，兰英同志和南老谈笑风生地漫步到宾馆院中合影留念。

在张家口，郭兰英决定与市晋剧团的新老演员一起合演传统戏《金水桥》，她要以饰演银屏公主并以演好银屏公主的实际行动答谢山城人民对她的厚爱：为保证演出的高质量，该剧除有吉凤贞、王巧玉、宗桂枝、郁国栋等一批名角参加外，郭兰英还特地邀请山西名伶张美琴前来助阵。

排练开始了，虽说市晋剧团的老演员演《金水桥》不知几十遍了，然而这一次再度和兰英合作演出《金水桥》，都觉得很新鲜。大家精心准备，使该剧从剧本的改编到舞台的调度和唱腔的安排，都有了新的突破。排练中，兰英对每一个角色反复揣摩，亲自示范，就连扮演彩女、太监、校尉等小角色的演员也在她的精心指导下反复排练。经过几天的认真排练，该剧于 4 月 16 日晚正式演出。当兰英扮演的银屏公主在后台一句"接——旨"声起，那清脆洪亮的嗓音，立即博得了全场 1400 多位观众的热烈掌声，接着，梆子上殿一出场亮相，又是一阵喝彩声。的确，兰英身材匀称，扮相漂亮，看上去像个三十来岁的演员，当她一开口唱，台下鸦雀无声，大家全神贯注地观看她的表演，欣赏她甜润的唱腔。

郭兰英对银屏公主的内心活动揭示得很深刻，表演得细腻，动作优美、唱腔委婉动听，发声上抑、扬、顿、挫掌握得恰到好处；音量上轻、重、收、放运用自如；吐字非常清楚。她虽然离开晋剧舞台有很多年了，但由于她功底扎实，发声方法科学，所以演唱起来自然流畅，音质悦耳动听，根据人物感情的需要，她又吸收了兄弟剧种的唱腔，恰如其分地糅在晋剧中，对晋剧唱腔革新起到了推动作用。如"叫公人你快把御酒满上"这句"三倒腔"的改革，揭示了银屏公主内心矛盾复杂的感情，当唱到"银屏女捧御酒叫……"这里，她把声音控制住，轻轻地唱出："叫声姨娘啊！"那种不好开口，但为了救儿子，又不得不恳求人家的那种难为情的样子表演得惟妙惟肖。仅仅一个多小时的戏，赢得了观众多次掌声，这种艺术的感染力，是可想而知的了。戏一结束，剧场内又响起了雷鸣般的掌声，郭兰英谢幕再三，掌声仍未止息。这充分表达了张家口人民对她的欢迎和爱戴。

第一场演出获得了极大的成功。演出结束后，中共张家口地委、市委、市政府的领导陈义堂、石耀、靳育民等同志走上舞台，向这位久负盛名的歌唱家表示热烈祝贺，并合影留念。这出戏一直在张家口连演数场，场场观众爆满。剧场售票窗前，日日人头攒动，购票的队伍似一条长龙。演出之前，剧场门前又挤满了等待购票的人们……

这一年的"五一"前夕，郭兰英和市晋剧团的同志到达离市区60华里的宣化区演出，表达了她对古城宣化广大群众深厚的情谊。尽管郭兰英同志的日程一改再改，演出一再加场，但仍然满足不了张垣地区广大群众的要求。她那严肃认真的台风、细腻精湛的表演，给张家口人留下了难忘的印象。特别值得一提的是：郭兰英演出多场，不要一分报酬，是以演出回报第二故乡的乡亲来的。这与社会上风行的"走穴风"恰恰相反，由此可见，她不愧是人民艺术家。张家口市文化局为了表示对郭兰英的谢意，赠给了她一套戏装作为纪念。

在离开张家口一年半之后，即在1984年12月29日，郭兰英又给《张家口日报》编辑部寄来了一首热情洋溢的诗，题目是《第二故乡张家口》。这首诗中，字里行间流淌着她美好的心音，通篇上下回荡着她对山城人民的挚情。诗中写道："让我举起激动的双手/杯酒献给第二故乡张家口/这里有我难忘的勤劳勇敢的人民/这里有我最早的观众和朋友/正是这些善良的心诚挚的手/送我走向革命的洪流。"在诗的结尾处，她充满深情地祝愿："塞外冬天暖气流/乡亲们快快喝下兰英敬的酒/祝贺大家新年快乐/新春更上一层楼。"

郭兰英是一位真正有大家之气的人民歌唱家。在50多年的演唱生涯中，她创造了许多辉煌，获得了巨大的成功。她的成功自有多种因素，但她在张家口参加革命前后的那段经历，她在大起之后大落，在张家口蔚县下放劳动的那段经历，无疑起着重要的作用。事实证明：一个堪称大家的歌手，不仅仅需要"练音"，更需要"练心"。这一点对于今日歌坛新秀们，同样有着不可小觑的启迪作用。

我与田汉的一段文字之交

李厚光 口述　鲍国民　侯中久 整理

　　随着岁月的流逝，许多人许多事都已淡忘了，但我和一代文化宗师田汉的一段交往，却深深地印在了我的记忆中。

缘　起

　　如火如荼的1951年，我国文艺界掀起了宣传抗美援朝的热潮，演出了一批宣扬爱国主义精神的戏剧。田汉创作于抗战之初的《江汉渔歌》，也由北京剧院与苏南大众京剧团重新排练演出。该剧以南宋抗金历史为背景，讲述一个以渔父为代表的爱国群众抗金卫国保家的故事。我应邀观看了大众京剧团在南京的首场演出，并参加了一个大型座谈会。与会者包括文化、艺术、教育、新闻等界的一些知名人士。当时因我年龄最小，资历最浅，没有在会上贸然发言，而是在聆听他们发言的同时一直在思考。我认为该剧内容很不错，有鼓舞人、教育人的作用，只是稍有微瑕，如能修改成为一个保留剧目，岂不是好上加好？

次日，我到南京图书馆查阅了一些相关资料，便写了《我对〈江汉渔歌〉的几点意见》一文，投寄到了中国剧协主办的《人民戏剧》。和我同住的室友知道后说："你好大的胆子，一个毛头小子，也敢评论起田汉的剧作来。"是呀，我算什么呢？一个初出茅庐的文艺新兵，只不过刚刚发表过几篇小说和一些豆腐块文章，竟评论起田汉的剧作来。《江汉渔歌》是抗战时期在大后方演出了好几百场的名剧，曾经激发了中国人民的抗日热情，如果真有什么缺陷的话，早就有文艺评论家写文章了，还轮到今天的我吗？室友的一句话提醒了我，对它的发表，我不指望了，因为刊物的编辑也会笑我狂妄的。

田汉是"五四"运动以来的文化巨匠，一代宗师，共和国国歌的词作者，剧坛的领军人物，杰出的诗人。论地位，他是中国戏剧家协会主席，艺术事业管理局局长，我不过是一个吃大灶的普通文艺干部；论年龄，他长我 29 岁，时年我还不满 24 岁，的确是自不量力了。

或许是"初生牛犊不畏虎"吧，写该文的时候，只顾把想说的话一吐为快，其他什么也没考虑。我的出发点，是不愿看到剧中的瑕疵，损害田汉的名誉，因为那时大家都在唱《义勇军进行曲》了。至于我敬重他，则是在上高中的时候就开始的。我的一位语文教师，曾与田汉是同学，我从他那里读到田汉的一些诗，因此对田汉产生了浓厚的兴趣。"杀人无力求人懒，千古伤心文化人"，这两句当时大后方流传甚广的诗，就是田汉写的。

稿子寄出好几个月，好似石沉大海，又不见退稿（当时长稿不刊退回）。一天中午下班，传达室的同志招呼我："喂，小李，有你的汇款。"

"汇款，哪里来的？"

"请客吧，北京寄来的稿费，70 万咧（当时旧币 1 万元折合今币 1元）！"

那时实行供给制，一个月零花钱折合今币才五六块钱，只有我们少数几个人，每月都有些稿费收入，成了大家羡慕的对象。只要领到一笔金额较大的稿费，大家都自愿慷慨解囊，请朋友们上小饭馆撮一顿，也算帮助他们改善一次生活了。

刊物和稿费同时寄到，我迫不及待地翻开目录。拙文题目居然是用三号黑体字印的，十分醒目。还有田汉写给我的一封信，附刊在拙文后面。他在信中说："厚光同志，您的文章，从北京转来，拜读过了，都是很好的意见……回去后我一定要大加修改，使《江汉渔歌》成为一个在今天或以后还能演出的剧本……只等我从大连回来，我一定抽暇进行修改，以答谢您的期待和盛意。实在很少人对这个戏的史实有过您这样细密的注意的……"当时我既兴奋又感动，几乎掉下泪来。并非因为文章的发表，而是田汉的大家风范深深地感染了我。我与他的声望、地位如此悬殊，他都没有置之不理，我对他更加肃然起敬了。

从此，我与一代文艺宗师田汉的一段交往便开始了。

初 见

我与心仪了多年的田汉一直没有谋面的机会，直到 1953 年 9 月我因事去北京，才到东四头条的寓所拜望了他。给我开门的是田汉的夫人安娥。等我说明来意后，她便朝北屋喊道："寿昌，有人来看你了，从南京来的。""谁呀？"应声从北屋里出来的人，中等个子，身体微胖，有些谢顶，这自然是田汉了。这座四合院，经过大门引道到北屋，有十来米的距离，我三步并作两步地走上前去："田汉同志，我是李厚光，特来看您的。"他紧紧地握住我的手，上下打量了一下："你是李厚光，就是那个写文章评论《江汉渔歌》的李厚光？还是个细伢子呀，原以为你至少有三四十岁了呢。"田汉一句"细伢子"的湖南土话，立即拉近了我们之间的距离。他对夫人安娥说："小李是湖南老乡，准备几个家乡菜，我们痛快地聊聊。"

"您不用客气了，看看您我就走。"我忙说着。他说："那可不行，你来一趟不容易。"

我们聊着家常，田夫人剥了几个松花蛋，做了麻辣豆腐等四个菜，温了一壶酒，这在当时是很丰盛的了。饭桌摆在书房里，室里弥漫着欢畅的气氛。还是田汉首先打开了话匣子：

"你对《江汉渔歌》的意见很正确，原打算重写。如今两年多过去了，还抽不出时间来，今天忙这个会，明天忙那个会，我真羡慕老舍，写出了《龙须沟》。我们这些老作家，解放以来，就数他最有成绩。真想把行政职务辞了，自己拿不出新作品，尽对人家写的说三道四，也不是一回事呀！再这样下去，我的这支笔，快生锈喽！"他又说："你还很年轻，要深入到群众的生活中去，从各个角度去观察他们，我相信，将来你会有成就的。"

我说："来南京这三年，文联就我们那摊子事多。我们的领导肖亦五，您是认识的，打日本打掉了一条腿。我最年轻，我不去跑谁跑，一天老是瞎忙。"

"怎么是瞎忙呢？"他打断了我的话，"毛主席说的为工农兵服务，要正确理解。不是说，你写了工农兵，才是为工农兵服务了，关键是你写的东西，为他们所喜闻乐见，就是为他们服务。现在，你有机会和艺人、剧场员工打交道，他们都是你创作的对象。从旧社会过来的艺人，每人都有本辛酸史，有的还是血泪史。你看过我的《名优之死》没有？一个名优的下场都如此悲惨，何况那些跑龙套的了。他们中间，蕴藏着极为丰富的创作素材。农民种庄稼，离不开土壤，我们创作，也离不开土壤，我们的土壤，就是人民群众。再说，我还没有写过一个以工农兵为主角的作品，难道能说我没有为工农兵服务吗?"

他的这番话，使我深深地感到，这是他对我的关爱。在这之前，我还把他看成我们文化部门的一位高级领导，现在变了，他是我的老师，不但是良师，还是益友。以前我也这么想过，没有写工农兵，不等于不为工农兵服务，但老是有种"左"的观念隐隐约约地支配着我，不敢肯定是否正确。听了田汉的话，我茅塞顿开，认识到这才是真正的唯物主义观点，真是"听君一席话，胜读十年书"呀! 这应是对毛主席《在延安文艺座谈会上的讲话》理解得最正确、最深刻的一番话。

他越谈越兴奋，又多喝了两杯酒，便对夫人安娥说:"不是对你说过吗，我们湖南是出才子的地方，小李就是才子。"

"我算什么才子呀，您才是大才子咧!"

"我是才子，你也是才子，我们都是才子。"田汉哈哈大笑起来，脸上泛起了红光。多少还有点拘束的我，被他这一句话说得完全放开了，我和他心灵之间的距离，从咫尺缩短到了零。

借着几分酒意，我的胆子壮了，对田汉说:"您是我们剧坛的领军人物，写下了众多的优秀作品，像《三个摩登女性》搬上银幕后，我就看了上海的首轮放映。但是，最喜爱的，还是您的诗，特别是写于国民党监狱里的那首《狱中怀安娥》，我还能背，不信，背给你们听。"我就背开了:

当（昔）年仓卒学逃亡，海上秋风客梦长。

斗室几劳明月访，孤衾常带（载）素薇香。

君因爱极翻成恨，我亦柔中颇带刚。

欲得（待）相忘怎忘得，声声新曲唱渔光。

　　早在 20 世纪 30 年代，田汉夫人安娥已是著名的词作家了，风靡于 20 世纪三四十年代的《渔光曲》，任光作的曲美，安娥写的词更美，经王人美灌入唱片，唱遍了大江南北、长城内外，一直唱到今天。

　　安娥说："看来小李真是有心人，叫我背，还怕有些背不全的。"他们两人都笑了。田汉说："那时我在吃官司，监狱里关的尽是左翼作家。可是，看守我们的那些兵，偏偏欢喜唱我们这位安娥女士写的《渔光曲》。"

　　我说："只要是好作品，都能感动人的，也能感动敌人。"

　　"我是听那些兵唱了《渔光曲》，才写下这首诗的。1935 年，你还是个蛮细蛮细的伢子咧！"

　　书房里的气氛，更加活跃、欢畅了。

　　我见他们特别高兴，自己也兴致勃勃起来："我也很喜欢写写诗，只是写得不好，当随军记者时，写有十多首。"

　　田汉眼睛一亮："是吗，现在青年人只写新诗，原以为只是我们这些老家伙，才捣鼓它呢。把它们抄下来给我们看看。"

　　随军期间，我从《过黄河》写起，一直写到《访问琼崖游击队》，计 18 首，统统抄了下来。田汉与夫人并肩看着，他还小声地念，念着念着忽然大声起来："'得得马蹄惊晓月，腾腾热气化晨霜'，好哇！好句，警句，颇有唐诗味道！"然后又对夫人安娥说："你看，'马蹄惊晓月，热气化晨霜'，惊晓月，化晨霜，多形象，对仗又工稳，出语天然，不露痕迹。什么叫好诗，这才是好诗咧！"

　　田汉的一句话，让我坐不住了。他们接着往下看，一会儿，他又高声念："'一过西江山郁郁，再看南岭雾茫茫'，很有气势，难得的好句。看来，一个再有才华的诗人，不亲历其境，是写不出来的……你把自己认为满意的，再抄下几首吧。"

我站起来，说："时候不早了，等我回南京后，抄了再给您寄来。"田汉兴犹未尽，壁上的挂钟，当当当地敲了十一下，安娥也说："不早了，要你们这样谈下去，三天三夜也谈不完。现在早没有车了，小李还要走到西单那边。"

"'酒逢知己饮，诗向会人吟。'真是言之不虚，想不到今天交上了小李这个诗友。"田汉笑着站起来。

他们夫妻双双送我到门外，紧握住我的手说："再来北京，一定上家来。"

想我降生26年来，平生有过三次最兴奋、最愉快的时刻，一次是听到日本投降的消息，一次是刚刚穿上解放军的军装，再一次就是刚才我与田汉这次不普通的会见，这是一次心灵的沟通与交汇呀！

回到南京，仿佛还有一股热浪不时冲击我的心头，而致浑身发暖。一位文化巨人如此热情、平等地接待一个文艺小兵，真是令我没有想到啊！

重　逢

我再一次见到田汉，是在一年以后的上海。1954年9月到10月，华东军政委员会文化部举办了一次规模盛大的"华东地区戏曲调演"。除了地区所有剧种参加外，还有评剧、粤剧、汉剧等，演出了一大批新编剧目。华东京剧院参赛的《还剑》，由陈大护、金素雯、王金璐主演，获得了演出和剧本双一等奖。该剧是陈大护邀我合作，根据鲁迅《故事新编》里的《铸剑》改编的。

《还剑》演出闭幕后，我就去上海大厦招待所拜望了担任评委会顾问的田汉。见着我，他就笑着说道："你对我的《江汉渔歌》提了意见，这回，我要对你们的《还剑》提意见了。"

他快人快语，开门见山就说要提意见，表明他是一位心底无私、光明磊落的人。我心想，这辈子能遇上田汉，甚至成了忘年之交，是我的三生之幸与三生之缘了。我说："这几年，因工作关系，对京剧有过较多的接触，虽懂得了一些，却只踏进了一只脚，还有一只留在门外。我只写了它的唱词，其他都是陈大护的成绩。"田汉说："这个戏主要的优点，表现在剧情处理上的积极意义。《铸剑》的眉间尺是死了的，留下了宴之敖。眉间尺是一个才 16 岁的孩子，代表的是不可战胜的新生力量，怎能让他去死而留下老的呢？宴之敖主动做出牺牲，奋力拼杀，保护眉间尺逃出吴宫，很合理。唱词一听，就知道是你写的，很美，只是太雅了。昆剧到了现在，为什么观众很少了，就因为唱词过雅。我们说为工农兵服务，首先应该让他们都能听懂，否则就失去它的积极意义了。主要的缺点，在剧本的结构和角色的安排上。你想，全剧六场，却明显地分成了上下两部分，旦角只有上半场的戏，下半场再不登场，一个名旦是不会演出这样的戏的，最好再加上一场。眉间尺脱险后，回到莫邪身边，向母亲陈述报了杀父之仇的经过，这场以旦为主，加上一段委婉动人的唱词，不失为一个补救的办法。一个团圆的结局，也符合了中国人的欣赏习惯。"

田汉如此坦率地提意见，我觉得这完全是一位长者对一个后生的关爱，我应该尊重他的意见。

我与田汉的交往虽只有短短的三年，却让我终生铭记，其音容笑貌常在眼前。无论是在内蒙古草原，还是在嫩江之畔，每于夜深人静，我总会回忆起他。如今 61 年过去了，我离开了风华正茂的青年队伍，步入了耄耋者的行列，然而他的高贵品质和心灵，却一直深深地激励着我，成了我逆境中的精神支柱，伴我走过了几十个春秋。

真实的孟小冬

杜维善 口述　董存发 采访整理

身世是个谜

孟小冬是我庶母，她是 1907 年 12 月 9 日（阴历十一月十六）出生的。那年是羊年，过去迷信的说法是：女人属羊（特指冬季的羊）不好。孟小冬比较迷信这个，于是后来就把自己的出生年份改为 1908 年。孟小冬的迷信还体现在不少地方，例如很早以前她算过一次命，说不能够用本人的名字买房，从此她就对这个事很忌讳。后来，我父亲杜月笙的旧交陆京士在台北用她的名字给她买了一栋房子，她宁可租房子，也坚决不去住。

关于孟小冬的身世，说法五花八门，怎么说的都有。例如，在网络上的"梨园百年琐记"之《余叔岩传》里是这样说的：孟小冬亲口对师父说，她原姓董，名若兰，祖籍汉口董家巷，姐妹五人，居住在满春茶园附近，为满春茶园包伙食。民国初年，孟鸿芳、孟鸿群兄弟等人到汉口满春茶园演出时住在董家，孟鸿群尤其喜欢董家俊俏的小女若兰，常常带她到后台看戏。两三个月后，孟家班离开汉口，董家父母就让若兰认孟鸿群为义父，随孟家班出走江湖。孟家原本称其小董，就一直未改口，回到上海后，孟鸿群请仇月祥教她老生戏，15 岁始冠孟姓，由于称其小董，所以一来二去就叫成了孟小冬。丁秉鐩则认为孟小冬祖籍山东，出生在上海。其实，对于她的身世我们也都不晓得，因为从没听她亲口提过。

总之，孟小冬的身世始终是个未解之谜。

两位母亲，一生金兰

1922 年 8 月，孟小冬 15 岁，随戏班来汉口，演出很成功。正好我奶奶和我生母姚玉兰那时也在汉口演出，孟小冬的演出引起了她们的兴趣，还到场看了孟小冬的《斩黄袍》《逍遥津》，非常喜欢。我生母和她一见如故，俩人便交换帖子，结为金兰。从此这一拜，成全了这对姐妹唇齿相依的终生情谊。她们俩一辈子分分合合，但姐妹情分始终未断。后来在香港的时候，我父亲病重卧床，她们姐妹俩一直服侍在我父亲身边；再后来孟小冬到了台湾，虽然她们不住在一起，但是几乎每天都见面，一起聊天打牌，很开心。

孟小冬遇到困难时，总是先想到找我生母。孟小冬和梅兰芳婚姻破裂后，离开北京到了上海，第一个就找到我母亲，把她在北京的这段情况经过详细告诉了我母亲。我母亲想帮她善后这段婚姻，就把这事告诉了我父亲杜月笙。我父亲仰慕暗恋孟小冬已久，提出：如果需要，可以找他的老朋友、上海著名女法官郑毓秀。我父亲还给梅兰芳打电话，梅老板也是他的好朋友。就这么着，在我父亲的居中协调下，梅兰芳与孟小冬妥善友好地解决了婚姻善后事宜。经历了这出风风雨雨之后，孟小冬身心俱疲，在我生母那里休息了一段时间，最终进了杜家，也成了我的庶母。从此，孟小冬几乎没有再公开演出过，她最后一次公开演出，是在我父亲六十大寿的时候演的《搜孤救孤》。

孟小冬很聪颖，平时说话很有耐心，上海话也讲得很好。我生母就一直不会说上海话，她出生在现在的河北廊坊一带，讲的是地道的北方话，上海话对她来说很难懂，简直就是天书，她一辈子也没学会。我曾问我母亲："我父亲说话时，你听得明白吗？"因为我父亲讲话带有很重的上海浦东地方音，比城里人讲的上海话更难懂。我母亲说："我说我的，他说他的，各讲各的。"而孟小冬就可以轻松地用上海话与我父亲交流，还时常讲些笑话逗我父亲开心。

孟小冬到台湾以后，避开了喧嚣的尘世，从此平静恬淡，过着隐居式的生活。她定期到法华寺诵经念佛，在家中也设佛堂每日诵经，此外平日则以打牌聊天消遣，偶尔也吊吊嗓子唱唱戏。最令她开心的是我母亲每日都会去看她，她经常念叨："她（姚玉兰）在我这里一坐，我就定心，她一天不来，我这日子就不知怎么过。"孟小冬也很喜欢我，我每次去探望她，临走时，她都会让家里的用人去同庆楼买些特制的叉子火烧，她知道我喜欢吃这一口。

老做派，北方味

孟小冬与我母亲在性格上走的是两条路子。孟小冬喜欢老派的衣着饮食、生活习惯和礼节，她不太与新派包括电影时尚界的人来往，我母亲则与电影界的人比较熟。每年过年的时候，我们做小辈的都要去给我生母和孟小冬拜年，见面时要向她们磕头行礼。磕头后，她们会按老礼儿给红包。此外，有的演员拜她们为师的时候，也要行磕头礼，她们也会给红包的。这些规矩在当年的台湾戏曲界人人皆知。

孟小冬喜欢吃饺子。那时候，我们家的饮食多是北方习惯，很少有南方口味。所以，从小我们就吃面、吃饺子，反而米饭吃的很少。原本上海人的习惯是：面食不是主食，是点心，吃米饭、炒菜才叫吃饭。而我们吃饺子时是从不讲究吃菜的，和北方习惯一样。很多书里说孟小冬喜欢用牛奶泡点心吃，很洋派，但是我从没看见过她拿牛奶泡点心吃，最多可能受我父亲的影响喜欢吃点蛋炒饭。我父亲在世的时候，杜家的年夜饭还是按他的习惯吃米饭加炒菜，等到了台湾后，就是按她们的习惯开始吃饺子了。

孟小冬还喜欢东来顺、同庆楼、都一处这些老字号饭庄。台湾能吃到的北方东西比较多，而且口味做得地道，比如烤鸭、灌肠、酱肉、叉子火烧，这让她很开心，香港就不行。因为台湾有很多祖籍大陆北方的老兵，带去了很多北方的吃法。我喜欢吃老北京的小吃，也是受到我这两位母亲的影响。我在没去北京之前，她们就时常说起豌豆黄、驴打滚这些宫廷小吃。等到后来我有机会去北京，别人请我吃饭，我就下意识地说想吃豌豆黄、驴打滚。

"擅书画"，恐误传

《氍毹上的尘梦》一书里说孟小冬喜欢写毛笔字，常常临《孟法师碑》，还刊登出孟小冬写字的照片，此事恐是误传。甚至有的书里还说孟小冬不仅会写字，还会画画，这似乎更是吹牛了。

就我所知，孟小冬根本就不怎么写毛笔字，更谈不上临帖和书法了。例如，"文姬归汉"那幅字就绝对不是她本人写的。她给我母亲的信用的都是钢笔，字也不是那么好，甚至有些信不一定是她亲笔写，而是叫人代笔的。为什么坊间说孟小冬学的是《孟法师碑》呢？估计因为这是个很冷门的碑，她又姓孟，就强把她与它给附会上了。

还有孟小冬画的几笔兰花什么的，很可能都是别人代笔的。如果她真的可以画画，又和张大千那么熟，不就可以请张大千为之题款、题字了吗？但事实上并没有。所以，诸如 1941 年《立言画刊》之《名伶访问记——孟小冬》里说她"尤喜书画，自己对书法亦颇有研究，每喜收藏名人之手笔"，这些恐怕都是吹捧之词。我存有一封孟小冬亲笔写给我母亲的信，里面有很多白字，有不会写的字就画个圈儿让我母亲猜，我母亲文化程度也不高，哪里猜得出来？这可不像是会临《孟法师碑》、吟诗作画人的做法。更有甚者，有人还把别人的照片说成是孟小冬的明星照，例如网上广为流传的那张穿裙子的民国美人在飞机前面的照片，更是不知所云。

养女美娟

孟小冬领养了一个女儿，叫杜美娟。她小我大姐一岁，大我两岁左右。开始大家都叫她"玉子"，我就管她叫"玉姐"。美娟开始住在北京，后来到了上海，再后来就跟着我们全家去了香港。美娟在香港认识了个男朋友，美国人。孟小冬一方面为人老派，另一方面出于爱女心切，担心女儿上当受骗，于是就不同意。母女俩为这事吵得很厉害，甚至闹翻了。美娟最后离开香港，去关岛结的婚，结婚的时候，孟小冬也没到场。

美娟到了香港以后，正式成为杜家人。她的名字也是按照杜家的辈分排的，是按"美"字辈，美如、美霞、美娟这么排下来的。我父亲的遗嘱里面写了她是杜家的人，也给她分了遗产。孟小冬过世时，则没有留下明确的遗嘱，而是由陆京士打理的后事。陆京士并没有把杜美娟列入遗产分配人的名单里，我、我大姐、二姐、大哥、大嫂都有。因为孟小冬的离世非常突然，所以个中缘由我就不清楚了。

最后，我把我受领的那份遗产给了美娟。当时我在香港，请我太太专程去台北办的这桩事情。那时候，美娟在冲绳，她也为此专门赶回台北。我太太替我转交给美娟的包括一些孟小冬的遗物，还有一幅张大千的画，还有大概 2000 美金现钞。在那个年代，2000 美金还是值点钱的。

身后事

孟小冬去世的时候，我专门从香港赶回台北奔丧，为她披麻戴孝。孟小冬大殓时，美娟不在，所以一切事情都是我和大哥操办的。最后决定，由我大哥披麻戴孝捧牌位，由我捧照片。因我生母尚在，我不能披麻戴孝，后来有位老先生出主意说，你在麻上点个红，意思就是还有长辈在。磕头的时候，先给我母亲磕头，禀告说："我戴孝了，我在点红。"然后再给孟小冬遗照磕头。这样，既把我的生母、庶母两方面都照顾到了，也合了规矩。孟小冬走后，遗体先停在医院的太平间，要由家人带她的"魂"回家，这是老规矩，叫回煞，这件事是我太太去办的，她很懂这些老规矩。

孟小冬在临终前，并未提出要与我父亲同葬在台北杜家陵园，她很早就给自己选好了墓地。后来我生母过世后，与我父亲一起葬在了杜家陵园。所以，安葬在杜家陵园里的就是我的父亲和生母。孟小冬为自己的墓地挑选了很久，直到去世前两个月才选定了台北县树林镇山佳佛教公墓。她还专门请人设计墓园型式，设计师做了两次图样，她都不满意，直到她突然病重，她对第三次的修改才满意。第二天，她就住院了，第三天夜里 11 点 50 分就去世了。

孟小冬去世后，张大千为之题写墓碑名：杜母孟太夫人令辉之墓。大千先生从不叫她小冬，而总是称呼她为"令辉"，令辉是孟小冬的字。

我的父亲侯宝林

侯鑫 口述　周园　魏天凤 整理

不知身世是父亲永远的心结

父亲是农历十月十五酉时生人，所以乳名叫小酉。父亲一直搞不清楚自己到底是哪里人，只记得他是 4 岁时坐火车来的北京，他小时候很少出门，除了家里人都很少见到外人，所以在火车上看到那么多陌生的面孔觉得很新鲜。来京的路上，父亲吃了半斤栗子睡了一会儿就到了，他觉得时间不算久。又因 1940—1950 年父亲经常在京津两地演出，对于这个路段的火车比较熟悉，跟幼年记忆中的路程差不多，于是曾猜测说自己当初会不会是从天津坐火车来的。现在有很多人引用父亲的话说他就是天津人，其实是不准确的。有可能原来他就是北京人，出生后就被抱到外地去，四五岁又被抱回了北京。

抱父亲到北京的人叫张全斌，是一个京剧大腕的跟包，就是给人拿行头的人，类似于现在的明星助理。张全斌把我父亲抱回来以后给了他的亲妹妹，她就成了我父亲的养母。我父亲的养父叫侯连达，曾在一个警官学校短期做过课员，后在涛贝勒府做过厨师。张全斌一生没有结过婚，是我父亲给他养老送终的。在他弥留之际，父亲就一直在他床边求他说："舅舅，我到底是哪儿人，你告诉我，你从哪儿把我抱来的？"可是张全斌不知道是不是曾经承诺过什么，对此守口如瓶，直到死都不肯说出我父亲的来历。我父亲直到临终都不知道自己真正的姓氏，也不知道自己究竟是哪里人，他是那么地不甘、那么地遗憾。无法得知自己真正的身世这件事，成为了他永远的心结。

穷孩子的童年

侯连达在警务庶务课当课员的时候，因为有租房等开销，所以家里的日子并不富裕，因此父亲的童年没有玩具，只有一个烟盒陪伴。过去的烟盒是桶装的，上面有一个盖儿，翻过来，打上几个孔，拴上绳以后，找根筷子，就做成了一个小秤，有点像中药房里用的戥子。

后来，侯连达失业了，他们租不起原来住的房子，就搬到了对面街一间比别家矮半截、与厕所一墙之隔的小东屋里。最后连这种房子都住不起了，只好搬到了我父亲的姥姥家。他们家也不富裕，旗人断了钱粮后又没有一技之长，大部分都生活得不是很好。家里本来就已经有父亲的大舅夫妻俩和父亲的姥姥了，现在又加上父亲一家三口，八平方米的房子怎么住呢？那时候没有什么折叠床，只能搭铺睡了。所谓搭铺，就是把两个长凳子一搭，然后把几块床板往凳子中间一码，上面铺上褥子，就是可以睡的地方了。搭铺都不够睡，父亲只能睡在一个小饭桌上。尽管日子过得不是很好，但是因为家里是旗人，所以规矩还是挺大的，如果要是看街景只能站在门里面，不能在门外、不能出门槛。

有一次泥瓦匠在附近修房子，夯地的时候还唱夯歌，父亲讲："我的童年因为家里很穷，没有看过戏也没有听过音乐，那简单的夯歌竟给我留下了难忘的印象，这是我第一次接触艺术。"他把打夯唱的歌当成艺术。父亲有一段非常著名的活儿叫《卖布头》，他说："过去卖布头那个人的吆喝好听到什么程度？夏天一到傍晚，大家伙儿就搬一个板凳出来，拿一把大蒲扇坐在那儿专门听他吆喝。"他觉得那就是一种艺术享受了。

父亲说，小时候即便穷成这样，他也还上了几天学。有一年春天，一位有钱的善心人给父亲家周围的穷孩子们捐了钱，开办了义学。来上学的孩子们每人免费发放课本，自己带个板凳，老师免费教大家认字。因为教课的老师还要给正规的在校学生们讲课，所以只能利用课余时间教大家。父亲去的是现在的厂桥小学，那时候叫北京市立第二十七小学。

父亲每天放学的时候都会经过一个冥衣铺，卖纸人纸马、香炉、纸钱等。他总要跟小伙伴说："走，我们去看看有什么好玩的。"然后就贪婪地看着那些玩意儿，他说他最爱看的是纸糊的房子里有一台大戏，看上去就像真的似的。

但好景不长，三个月后，受捐赠的钱用完了，义学也就停止了。父亲说，他这一生所受的全部在校教育，也就只有这三个月了。

小子不吃十年闲饭

北京人有句俗话说："小子不吃十年闲饭。"为了生计，父亲只要能干的活儿总是想着法儿去干。以前有钱人家天热的时候想吃点冰，比如自制刨冰、冰镇酸梅汤，就会买点冰核儿把酸梅汤镇上；又或者家里有人发烧了，也会买点冰核儿弄一个毛巾敷在额头上用来降温。而所谓的冰核儿，就是天然冰。父亲家离冰窖不远，为了生活就曾卖过冰核儿。他用三个大铜板到冰窖买一块冰，请人给它破碎后，就挑着担子，前面搁半块，后面搁半块。冰镩子凿下来的小碎冰也舍不得丢弃，拿小笤筐底上垫上荷叶，在三伏天最热的时候串胡同卖。

天热的时候生意还好，天凉下雨生意就不好了，要是连着好几天阴天或者下雨就惨了，没有人买冰，家里就没有饭吃。怎么办呢，总得生活啊，父亲就去卖豌豆。十个大铜板买一斤多豌豆，然后放盐放花椒，煮到皮都起褶皱吃到嘴里特筋道，再拿个小筐装上，满大街转悠去卖牛筋儿豌豆。

不光卖豌豆，父亲的家人还给他钉过一个木头箱子，让他跑到德胜门的小市儿上趸点花生米、糖果挎着去卖。但是父亲不会做生意，不仅没挣到钱，还把本钱都赔光了。一个十来岁的孩子，为了生活下去，迫不得已只能挨家挨户讨口饭吃。

父亲还给办丧事的人家打过雪柳，雪柳就是白纸剪了好多的穗儿，弄到一根棍上绕着。他说从嘉兴寺一直走到八里庄，挣了十个大铜板，可能这是他童年里唯一一次挣大钱。他还撒过纸钱，人家给了一身孝袍子，但父亲很局气，穿完了给人送了回去。他把钱拿回了家，家人都特别高兴，但城里离坟地也很远，那么小的小孩万一要丢了怎么办，所以就不再让他去了。

父亲的童年就这样艰辛地一路走来。直到 19 岁那年，他才第一次穿上了在鞋店里买的新鞋子。过去的十几年里，要么就是穿别人穿着小了的鞋子，要么就是从估衣摊儿上买的旧货。

走上学艺之路

要饭干杂活的日子实在没法过了，父亲的养父母可怜父亲老跟着挨饿，觉得也不是办法，就商量着想办法让他能够填饱肚子。后来父亲的养父在他 11 岁的时候把他送到了颜泽甫师父那儿去学戏。他们去磕头拜师时，立出的字据里有这么一条：投河溺井、死走逃亡与师父无干，如果中途不学了，还要赔偿师父的损失。

拜了师的父亲，每天天一亮就得起床，生煤炉，坐上一大壶水，然后跑到天坛去喊嗓子。有时候一边走一边喊嗓子，心里还惦记着家里，要是火上来了把壶底烧掉了一准儿得挨打。回到家里，父亲捅炉子、倒水、扫垃圾，都得小心翼翼轻手轻脚地做，生怕吵醒了师父跟师娘。师父起床洗漱喝完了茶，就开始给父亲吊嗓子，把头天的功课复习一遍，觉得可以过了，才开始教新的。父亲说每天的挨打也就是从这个时候开始的，因为师父的理论是不打不成材，不管你聪明不聪明都得打。

学徒中，父亲也曾动摇过、逃跑过，从天桥走了半宿跑回家。养父一看不行，回到家里也没饭吃，得饿肚子，养母也在一旁直落眼泪，养父迫于无奈只得把他又送回师父那里去。

后来听我父亲说，他当时对学艺并没有抵触，只是害怕挨打。后来想通了，挨打也是为了更好地学艺，所以一定要忍受，再也不能往家跑了；而且回家也还是得被大人送回来，没有别的出路。自此他就彻底断了逃跑的念想，一心一意刻苦学艺了。

从京剧到相声

当时学艺有个规矩，就是学徒没满三年零一节的时候，是不允许到其他戏班子去搭伙的。什么叫三年零一节？譬如说到五月节的时候三年学徒期满了，但却不能走，必须要干到八月节，这一节是回报师父三年辛苦教授，所以得义务帮师父演出。后来父亲的师父受邀到山西太原去，偏巧父亲这个时候学艺只有三年，还差一节才算出师。没有出师按照行规就没人敢用你，没有办法，父亲只好回家了。父亲的养父很通情达理，知道他学徒很苦，也没有责备什么，反而让他先在家里玩两天再出去找事情做。但在连饭都没的吃的年月里，父亲哪有心思玩儿呢？他跑到了鼓楼后的一个露天市场，正好遇到一个戏班要唱《捉放曹》，可打锣的拉肚子，上厕所没有回来，领班着急了，这时候父亲就毛遂自荐说："我来吧！"人家说："你行吗？"父亲说："我学过。"就这么着打出了完整的一出戏，当时班主李四觉得父亲不错，就收留了他。真是"老天爷饿不死瞎家雀儿"，父亲就这么着在这个戏班里又学了几十出戏，生旦净末丑都唱了，有时候还分包赶角一人扮演两个角色。

父亲在鼓楼市场干了一年多后，又随戏班子到西单商场唱戏去了。西单唱戏的场子正好挨着说相声特别有名的高德明、高德亮两兄弟，还有朱阔泉、汤金澄两位前辈。因为父亲演出的时候不是老在台上唱，遇到休息的时候就跑到隔壁场子里听相声，一来二去，小孩子脑子好，记忆力、模仿力又强，把别人说的词儿就全记在了心里。正巧有次相声开场，父亲看见场子里就一个人没法说相声，就自告奋勇上去跟人搭档，把整个段子都圆满地说了下来。后来再遇到相声场子缺人，搭档生病或者去外地了的，父亲就给人家帮忙说相声，直到最后彻底退出京剧去说了相声。

其实父亲转行说相声还有一个原因，就是唱戏得先置办行头，成本较高。京剧的头面行头是一大笔开支，有本事唱，置不起行头，也登不了台唱不了戏。穷困的父亲置不起行头，又不能天天跟人租跟人借。而相声相对来说就便宜得多，一件大褂一把扇子就可以登台表演了。

滴水之恩，涌泉相报

我记得小时候家里一共有 11 口人。为什么这么多人？因为我父母都是孤儿，我父亲一直就把我母亲的养母当作亲生母亲那么养，而且让我们所有孩子管这位老人家叫奶奶，从来不许叫姥姥，他觉得叫奶奶更亲。除了我们家这三个大人五个孩子，父亲还养着他的一位师父、一位师娘（这两位不是一家）以及他的舅舅张全斌。

我小时候的日子不算特别困难。父亲从 1954 年借调到了中央广播说唱团，一年后就成为了正式成员。他当时已经是一级演员了，工资是 300 多块钱。三年困难时期，别人老拿这件事取笑我们，说我父亲是"三民三高"，一帮孩子追着喊什么"高级点心高级糖，高级老头高级茅房"之类的，其实我心里是很受伤的。"文化大革命"时我们家搬到麻花电台，那是清朝内务府一位姓纪的官员的宅子，相当于王府的建制，里面住着 200 多户人。在大杂院里面我们度过了一段很温馨的生活。父亲工资都被扣发了，只给我们一个月 20 元钱生活费。其实按理说也不少了，可是那时我们家人不是在一起生活，我去内蒙古插队了，父亲在河南五七干校，三哥在河南三十八军，大哥在海南岛当兵，等等，这样一来日子难免过得有点紧巴。到了月底，有时连买煤炭的钱都没有了，只能跑到邻居家去借两块炭，然后等发了工资买了再还给人家。街坊邻居家做了什么新鲜吃的，也都想着我们。

父亲直到去世前都在说，自己从小在天桥长大，社会上坑蒙拐骗什么事情都见过，但他却从不使心眼儿，不管沦落到哪一步、穷到什么地步，都一定要有志气。从小我的记忆里父亲就是这样教导我们的：人穷志不短，饿死不做贼。

父亲说，他忘不了那些在他最困难的时候帮助过他、对他有恩的人：忘不了没有被子盖，不收钱租被子给他的回民马三姐；忘不了希望他能吃饱、免费给他烙烧饼的晁师傅；忘不了曾经互相帮忙沾光借场子的艺人同行。我也永远无法忘怀父亲曾教育过我的："滴水之恩，涌泉相报。"

侯宝林逸事一则

———

李长海

　　我的一位老领导叫缑纯嘏，是个老八路。他的名字很特别，容易念错。他说1955年授军衔时，他这个名字可闹了笑话。那时的领导干部有的文化不高，不认得他的名字，授衔大会上，一位首长点名，点到他时，首长喊"猴炖虾"，底下没有应声，又喊"猴炖虾"，他心想不是别人，就他了，再不答应场面就难堪了，于是挺身回答："到！"打那以后，"猴炖虾"成了他的外号。

　　20世纪70年代，老领导担任旅大警备区后勤部政治部主任。警备区的前身是三兵团，规格比较高，后勤部也是军级单位。后勤部有一个外面像仓库但里面却很漂亮的俱乐部，一些有影响的文艺演出常在这里举行。

　　1978年秋天，相声艺术大师侯宝林率弟子到大连演出，有一场是慰问驻军部队，地点就在后勤部俱乐部。这下后勤部可热闹了，大家都兴奋而紧张地做接待工作准备，因为侯宝林是著名相声艺术家，大家尊崇得不得了。怎么才能接待好呢？这个任务就交给了我的老领导。老领导就到处打听侯老先生的喜好，不知怎么就听说侯先生愿喝白兰地，那时许多国人还不知道什么是白兰地，市场上根本就没卖的。老领导通过接待部门了解到，大连国际海员俱乐部有，但不外卖。这难不住老领导，他以驻军的名义通过警备区向大连市求助，很快就买到了。有了白兰地，老领导心里踏实不少，可是在接待中又出了岔。

侯先生在相声界辈分高，弟子们都尊称他"侯老"，可是部队长期受正规教育，称呼不能胡来，一般都叫同志或首长，再就是职务，如司令员、师长等。叫"侯老"，老领导怎么也张不开口，再说他也年过半百了，情急之下，他就叫了"老侯"，对此侯先生没有明显的不快，但是一脸严肃，坐在后台看演员做演出准备。俱乐部里边有休息室，老领导请侯老过去休息，侯先生不去，说我的阵地在这里，演出不结束，我哪里也不去。

老领导显得有点尴尬，心里面斗争很激烈，他反复检讨觉得还是称呼上出了问题，人家都称"侯老"，我却叫"老侯"，这是多么不尊重啊！别人叫我"老缑"，我不是也觉得别扭吗？将心比心，决定改口，叫"侯老"。老领导再次邀请："侯老，请到休息室喝水吧。"侯先生说："你去看节目吧，演出不结束，我哪儿也不去。"

演出受到部队官兵空前的欢迎，气氛非常热烈，老领导一直陪着侯先生。

演出结束了，在后勤部食堂举行夜餐。一见到白兰地，侯先生既高兴又意外，就问你们从哪里弄来的，老领导就给他说了，侯先生说难得。接着问，你贵姓？老领导答："我姓缑。"侯先生问："怎么写？"老领导用食指蘸水写在饭桌上。侯先生一看就笑了，说："原来我们是一家呀！"这下把老领导弄糊涂了："我姓缑你姓侯，音都不一样，怎么是一家呢？"侯先生也用食指蘸水边写边说："我是侯，你这边也是侯，中间有条绳把咱俩穿起来了，这叫一条绳上拴两个侯，谁也跑不了谁，不是一家吗？来，喝酒！"

那天两人喝高兴了。老领导说，第一次喝白兰地，那个味真怪。每当说起这件事，老领导都会感叹，侯先生不愧为一代大师，他对文字那个反应，真叫快！

近30年过去了，斯人均已驾鹤西归，留下一段佳话，让人时常想起。

从"外行人"到京剧大师

——父亲袁世海的戏曲人生

袁少海 口述　于洋　周园　魏天凤 整理

结识裘盛戎，进入梨园行

父亲出身于一个贫苦家庭。那会儿交通不发达，汽车也没兴起，有钱人家出门都是坐马车，我爷爷就是靠赶马车维持一家人的生活。在父亲两岁的时候，我爷爷去世了，只剩下我奶奶独自养活我大爷、我父亲还有我姑姑。在当时的社会，一个女人得养活这么多人，还没有固定的生活来源，怎么办呢？奶奶就找个店铺，拿东西回来做裁缝活。那时候没有缝纫机、锁边机什么的，奶奶就手工做纳鞋底儿、缝边的活，姑姑也帮着一起干。奶奶把做好的活计拿包袱包好后，就让我父亲送去给掌柜，拿了小钱，手捏着钱回来交给奶奶。一家人就靠着这个勉强维持生计。

父亲说，那时候最好的饭叫鱼钻沙。其实就是现在的疙瘩汤，但略有不同：弄一碗汤勾点芡，把棒子面和好了再搁一点点白面，让它能凝固起来，做成小鱼似的，扒拉到锅里头去煮开了，连汤带水吃下去，这就是他小时候吃的最好的饭食了。

当时全家都住在一间仅有 12 平方米的小屋，父亲印象最深的是外面下雨、屋里下雨，外面不下雨、屋里照旧下雨。这话怎么讲呢？就是破，各种漏。下雨时，脸盆等所有能接水的都在屋里搁着接水；等外面放晴、不下雨了，屋顶上存的雨水还依然往下滴。自那会儿起，一个坚定的信念就在父亲幼小的心灵里扎下了根："我要好好努力，将来有所成就，一定不让我的母亲再受这样的苦。"

这个信念陪伴着父亲一路走来，不仅影响了他的一生，也时刻教育着我们。当父亲通过努力在经济上有所改善的时候，也丝毫没有忘记自己当初的信念，一个人养活着我的奶奶、大爷、大妈、母亲、姑姑、表哥以及我们兄弟姊妹五个。12 口人的一户人家，在当时的年代算不上人口多的家庭，但是住在一起共同生活，还仅仅只是依靠一个人的力量让一大家子都像是生活在蜜罐里的，确实不多。我父亲是从旧社会过来的，各方面都得靠自己去努力，没有真正的能耐养活不了这么些人。

戏曲对于父亲来说，既不是家传，更不是祖传，作为一个外行人，父亲怎么就与京剧结了缘呢？这还得从我爷爷说起。我爷爷经常赶马车拉一些个富人去戏园子看戏，这么着就认识好些朋友。听父亲说，其中就有一个庙里的和尚二大爷，非常喜欢京剧，因为庙里有自留地，能够种点东西，所以爷爷去世后，这和尚二大爷就经常接济父亲他们，有时候送点小米，有时候送点面，有时候送点菜，送完后就带着父亲一起去天桥看戏。当时父亲还只是个孩子，所以开始的时候根本听不懂，就只是睡觉。那为什么听不懂还要跟着和尚二大爷出来看戏呢？父亲说，只是因为觉得在家待着闷，跟着和尚二大爷出门，有机会让他给买点吃的。就是在这种念头的推动下，父亲才愿意走进戏园子的，没承想后来看着看着就上瘾了，没事就在门口唱。

父亲家旁边是一个消防队，有一小片空地，没事的时候父亲就在那儿玩堆沙子之类的游戏，就此结识了同样年仅六七岁的裘盛戎裘大爷。裘大爷大我父亲半岁，出身于梨园世家，他的父亲裘桂仙也是戏剧界人士。父亲住在骡马市，往南走就是天桥，往北走就是前门，离戏园子比较近，裘大爷跟父亲住对门，成为好朋友的两人没事就跑到戏园子偷着看戏去。本来没钱进剧场的话是不许看的，不过那会儿戏园子都是在庙里，两边各有一根柱子，他们俩就在两根柱子后头一边儿站一个，看到戏演得好的地方，两人还心领神会地相互一点头。回家的路上，两人翻来覆去地演，你唱这个我唱那个；父亲白天不看戏的时候，就在门口扮着唱。一来二去的更入迷了，父亲就跟我奶奶提出来想去学戏。

裘大爷因为出身自梨园世家，所以就直接进了富连成科班，而父亲想进富连成科班，条件还是很严格的，一纸合同需要中人、保人、家属三方签字。中人就是介绍人，保人就是作担保的人，保证这孩子不会半途而废，能够踏踏实实学戏，九年科班不许回家，没有工资，只管饭、给点零花钱，除此之外还得立生死文书，生死各由天命。我奶奶一听，当时眼泪就下来了：这不等于把孩子卖了吗？父亲就劝奶奶："您就让我去吧，家里少张嘴，日子也能好过些。我到那儿再苦，好歹有人管饭，万一我学好了，您就不用这么受累了。"奶奶想着父亲跟在她身边吃了上顿没下顿也是受罪，万般无奈下同意了父亲的要求，签了字，将父亲送入科班。父亲跟我们讲，奶奶送他过去的时候，还得经过一个胡同才能走进富连成科班里头去。父亲进去之前站着没动，回头一瞧，奶奶在胡同口站着，等半天又回头一瞧，奶奶还在那儿站着。最后我父亲一狠心走了，再也没回头，就这么着进了科班。

进了富连成，从"袁盛钟"变成"袁世海"

富连成按"喜""连""富""盛""世"给新进的学生排字辈，父亲跟裘大爷是同科同学，同是"盛"字辈的，因此取名袁盛钟。初进富连成科班学戏的父亲是没有任何基础的，如今考戏校都得给人唱一段表演一下，而我父亲除了胡唱、瞎唱以外什么都不会，靠的就只是对京剧的一个"爱"字。这种情况下进了科班，能演戏吗？肯定不能，就得从头学。那时候进科班学戏，全凭老师一瞧，看完身材、听完嗓音觉得适合学什么你才能学什么，不是自己想学什么就能学什么的。父亲当时因为非常瘦，嗓子也细，不是唱花脸的料，因此被分到了老生组。

有一次，父亲练功的时候，被萧长华萧老先生看见了，萧老先生觉得这孩子虎头虎脑的，有点像郝寿臣。郝先生那是"活孟德""活鲁智深"，已经是舞台上的净角，搁今天来讲就是头牌，跟杨小楼齐名。萧老先生就把父亲叫了过来，问："盛钟，你喜欢花脸吗？"父亲求之不得，立刻答道："喜欢。""那给你改花脸好不好？""好！""可你这嗓子太细了。"父亲说："我能学！""那好，那就给你改花脸，名字也给你调到世字辈。"为什么呢？因为世字辈没人，而且"盛钟、盛钟"的，有点老剩着的意思，你说萧老先生迷信也罢，怎么都好，既然到了世字辈了，索性连名字一起改了，"袁世海"这名字多响亮（那会儿还没听说什么周游世界的）："世海、世海，世界的海都是你的！"父亲说："好，师父，我都听您的。"父亲就这样改名叫袁世海，也从那时候起进入世字辈，跟孙盛文先生学习花脸。

孙先生那是大师哥，留在科班专门教戏的，对基本功要求很严格。花脸必须得会打，而且假如嗓音不好，尤其花脸念白中的"哇呀呀"，这舌头动不了不行，念白必须虎声虎气，父亲是奶声奶气的，这怎么办呢？大师哥就拿一根筷子搁到父亲的舌头这儿，待父亲练声的时候就把筷子搁嗓子里头来回晃悠，还往里捅，以此来告诉我父亲，必须从哪哪儿发声。

唱戏分上膛音、下膛音、左音、右音，有假嗓音，有真嗓音。这些嗓音有天生的，也有后天练成的。父亲天生就没有裘先生嗓子好。父亲讲："你裘大爷从小就从鼻子里说话，那音出来是嗡嗡的。"这种音不是学的，是爹妈给的，这没办法。一般来说只能根据自身条件创造自身角色，而你演什么的决定权在师父的手里。要想让决定权在自己手里头，那就得练私功去，练好了给师父看："我要学小生/花脸/老生，您看我行不行？"那会儿师父都讲究"有粉得往脸上擦，不能往屁股上擦"，就是说老师愿意培养好学生，学生好了，老师也光荣。父亲想："我一定要成。条件不好，创造条件我也得行。我比不了裘盛戎的嗓子，我能不能唱别的呀？"那会儿花脸分铜锤、架子两种，父亲就选定了架子花脸。郝先生唱的就是架子花脸，但他有一个天生的好嗓子，父亲没有。于是父亲用最笨的办法，那就是在没人的时候，自个儿偷偷练（还不能上练功房去练，如果让师父瞧见了是不允许的），他就上后院厕所旁边的空地去，借着月光练功。晚上不能睡觉，为了应付查夜的，父亲就把被窝做成有人睡觉的假象，还跟旁边师哥师弟们解释，让他们给护着点，查夜的时候别说他不在。

经过一段时间刻苦的磨炼，父亲的花脸终于成了。有一天，裘大爷的嗓子哑了，一个字也唱不出来，可广和楼戏码都贴出去了，那水牌子也已经写了出去，怎么办？没人应声。父亲经过再三的思想斗争，一举手说："老师，我能演。"师父上下打量了一下我父亲："你能演？没见你演过，你什么时候学的？"父亲就老老实实地说了，还试了几句戏，师父一听是这么回事，就让他扮戏上场。父亲也很争气，圆满地完成了这次的演出任务。前后台一致赞赏，说这小师弟真不错，没人教、没人管，自个儿就会了，所有师兄弟都对他另眼相看。也就是从这一出戏开始，父亲跟裘大爷成了 AB 角（那会儿叫轮换演），裘大爷演晚场，父亲演日场。

父亲这次为什么有这么大决心？这里还得讲一个小插曲。之前有一出《珠帘寨》，唱周德威的师哥得赶场，问谁能演，父亲就说他演演试试。师哥都替他把脸给勾上了，结果师父下后台来知道了这件事，对我父亲说："你演？你能演什么呀？你刚来几天啊？就是穿好了，脸上都得洗了去。你该演龙套还是得龙套，该演上下手还是得上下手。"一个演员妆都化好了，眼看就要上了，师父愣让你卸了去，不许你演，这对父亲得是多大的打击。但是他不这么想，委屈是委屈，难受是难受，但他跟我们说那会儿是"肚子里长牙"，只能咬自个儿："我为什么不行？我一定得成！"就在这种动力之下才把握住了后来的机会。我父亲经常教育我们说，任何一件事不是轻而易举的，如果有，那也是各种条件你都具备，你才能成。尤其是像我父亲这样的没条件愣要往上走，这种动力只有自个儿心里头才明白。

拜师郝寿臣，开创独有风格

那会儿科班学徒晚上不准私自外出，得跟师父请假，师父准了，你才能出去。但绝大部分都是不准出去的。父亲多次偷着出去听戏，回来跟裘大爷一块儿"趴板凳"（挨罚）。父亲说，周信芳先生从上海到北京来演出、郝寿臣先生演出，他都要去看，在看中学。要不他肚子里头不会有那么些东西。

出科之后叫"投团如投胎"，富连成固然很红，但对于学徒来说科班红没用，学完出来以后得搭剧团。父亲跟着李盛藻师哥演郝寿臣先生的《青梅煮酒论英雄》，一炮打响了。郝先生听说我父亲这出戏演得不错，就让他儿子郝德元去看看到底怎么样。郝德元回来跟郝先生说："这个徒弟您收也得收，不收也得收，太像您了。一举一动、每一句念词都是跟您学的一样。"如此一来，再加上此时我父亲在社会上的名头也逐渐响亮了，于是郝先生就将他收为了徒弟。

在艺术上，郝先生给我父亲提了两个要求：第一，排戏要认真。每排一回戏，都是你第一次的锻炼机会，别拿排戏不当回事。什么叫排戏？即不是在剧场演戏，而是私底下排，师父徒弟一块儿说说、一块儿对对。先是合排，然后是响排，再是彩排，完了才能对外公演。郝先生说每次排的时候不能吊儿郎当的，必须得进人物，带着眼神、带上精气神，这样才能提高。一次郝先生排《黄一刀》，父亲瞧他跨腿、踢腿时腿就那么一晃悠，父亲也跟着那么一晃悠。郝先生就让我父亲踢个腿给他瞧瞧，一踢腿很正常，并不晃。郝先生说："你这腿挺好的，过去你为什么那么踢？你这排戏不认真。"父亲解释说："您就这么踢的，我也就跟着这么踢了，我怕我踢得好您说我。"郝先生说："我快六十了，你才三十，你怎么能跟我一样呢？你要认真，这就是舞台。假如私下里你把这当私下，等到舞台上你也没有舞台样。"从那以后，我父亲甭管在哪里排戏，一招一式都非常认真负责。他后来还以此来教育我们，办什么事情都必须坚持"认真"俩字。唱戏就得对你自己负责、对同志们负责，排戏时音乐、舞美这么些人陪着你，你晃了两下就下去了，那不行。

郝先生还向我父亲提出了第二个要求："你拜我为师，是把你揉碎了变我，还是把我揉碎变你啊？这你得在思想上有个准备。"我父亲想了想就说："得把我揉碎了变您，我才能成为'郝寿臣'。"郝先生乐了，说："太错了！你绝对不能这么想。你拜我为师，必须得把我揉碎了变成你，你才能学好。把我揉碎了，我那魂落到你身上了。你的各方面条件跟我不一样，魂到你身上，你能根据你的自身条件，用我这魂指导你的演技，这才行了，你才能成为袁世海。你把我学死了，你也不能成为郝寿臣！"此前那会儿父亲每一个动作、每一个脚步都模仿郝先生，台底下都说"这真像郝寿臣"，只能落这么一个评价。如果他没有受到郝先生的这种教育，还抱着郝先生的舞台形象走下去，就不会成为袁世海。在这之后，父亲豁然开朗。

郝先生还教育我父亲：演员以什么为主？表演为主。尤其是戏曲演员，"忧思惊恐羞"这五种表演方法，你都得根据剧情、根据人物给表现出来。观众买票看戏来，看的是你这剧中人，不是看你来了。什么能抓住观众？只能用你的演技，用你剧中人的表演。演员出来一举一动、一个手势、一个眼神，都得符合剧中人物的特点。父亲拜了郝先生，学了这么多东西，掌握了这么多技巧，一下子就成名了。

不仅如此，父亲在郝先生的教导下，发展了架子花脸的唱法，开创了自己独有的风格。1953 年，京剧演出价格由高到低，小生、武生、文旦、武旦，然后才是花脸。这花脸叫什么呢？郝先生给起了个名儿叫"高级味精"，意思是有你这味儿浓点，没你也没关系。为了改变花脸这个行当的状态，郝先生跟我父亲说："你拜了我了，要把我未完成的愿望替我完成了。咱们的花脸必须要提高。"本来唱戏唱戏必须得唱，但是这个行当演出的人物却不能以唱为主。花脸扮演的都是莽撞、粗鲁之人，像李逵、张飞、鲁智深等角色，你让他老唱，那不把观众都唱跑了？所以父亲改了架子花脸的要求，以念为主，第一是念，第二是做，第三是唱。当然，花脸没有唱也是万万不能的，所以要"架子花脸铜锤唱"。它不像铜锤要求那么高，但是没嗓子也不行。拿《群英会》的曹操来讲，广大观众朋友们称我父亲是"活曹操"，一个演员能让观众称为活,那是非常不容易的,那真是观众把你的舞台戏印在他的脑海里了。《群英会》的曹操那是配角,但是为什么大伙儿都看曹操?因为父亲把曹操演得入木三分,奸诈、怀疑等喜怒哀乐、忧思惊恐全给用上了。曹操一出场观众就报以热烈的掌声,没有一回不是这样的。这就是一个演员,演的是人物,不是卖弄的技巧。

台上演戏,台下做人

父亲唱完了戏之后回家,常做的事情一个是喝茶,一个是跟我们聊,在聊天中启发、教育我们。

父亲跟我们说,有所失才有所得。比如一个好演员得会给大家说戏,通过说戏能把自个儿提高了。这是有"赏"的,尽管耗费时间、耗费你的精气神了,但从中得到很多戏曲知识、得到许多人物的表演技法。

父亲还常常跟我们讲,必须对艺术负责、对观众负责:"过去你是唱戏的,解放后叫文艺工作者,生活水平提高了,政治待遇提高了(父亲当过全国人大代表,又当过好几届全国政协委员)。党和政府这么关心我们,观众朋友又这么爱护我们。观众看完戏顶多带着回忆走了,什么也拿不走,所以我们要不努力、不在台上给他们应有的回报,我们就是失德,就对不起观众。你们演戏到台上,必须要牢记这条铁的纪律,决不能糊弄,演就要演好戏。"

1959年,中国京剧院要献礼中华人民共和国成立十周年大庆。父亲跟郝先生商量,排了一出《九江口》,把唱、念、做、舞、打全都搁了进去。父亲自己的所能,起码有80%都搁在了这出戏上。父亲这么用心,既是因国庆十周年而欢欣鼓舞,也是出于对艺术和观众的负责。

父亲一直跟我们说:人要不适应社会,早晚被社会淘汰。比如后来演现代戏，你说我不演，就抱着传统不撒手是不行的。但如果不演传统戏，光演现代戏也不行。你有天大的能耐不能拧着社会走、不能拧着趋势走，得顺其自然。

父亲还经常说一句话："人一要学会做人，二要学会做事，三要会做人、会做事。"台上演戏演得好，台底下却一塌糊涂，想怎么着怎么着，那不行。父亲嘱咐我们："'德艺双馨'，甭管你们怎么着、到什么时候，'德'字都要搁这头一个。"父亲曾举一位老先生的例子来教育我们。这位老先生嗓子曾经声震屋瓦，他唱的戏封贴必满，最后却因为不自律把嗓子弄坏了，去世的时候连口棺材都买不起。父亲说："甭管你有多大能耐，一定要自爱，爱护自己的身体。"

父亲还教育我们，一定要维护好家、维护好事业，尊重家庭、尊重爱人、尊重父母。记得小时候，父亲不仅督促我们练功，家教方面更是严格要求。起床得先叫人："父亲，您起来了。""母亲，您起来了。""您昨晚睡得好吗？"听着跟流水账一样，但就得天天这么问，显示对父母亲的关心。上哪儿去了也得提前跟父母打声招呼："母亲，我上学去了。""母亲，今天晚上我有场戏，回来得晚，您给我等下门。"做任何事情前，都得提前告知父母一声，不能扭脸就走。

父亲总说："人得懂得报恩。第一报父母的恩，第二报党的恩，第三报国恩。人要不会报恩，那叫忘恩负义，不配做人。"父亲是从旧社会过来的，受过苦日子的折磨。共产党把中国人民从三座大山下解放出来了，让大家伙儿衣食无忧，专心搞建设，他打心眼里敬佩党，也向往党组织。1953 年他递交了第一份入党申请书，最终于 1980 年被批准入党。年轻时我不理解，问他："您是缺名还是缺利？您干吗要求入党？"父亲严肃地说："没有共产党就没有新中国、没有你们！"他还要求我们，决不能将家庭的优越感带到工作岗位上去："'我是谁谁谁的后人，我应当怎么着',你谁都不是,你就叫你的名字。你要团结同志,听老师傅的话,听党的话,跟党走。"一到逢年过节,家里的孩子都回来了,父亲就说:"做饭有你妈妈、有我呢,我能打下手,你们都给各自的党组织写思想汇报去!"后来,经过家里的教育、自己的努力和同志们的帮助,我也加入了党组织,完成了父亲的心愿。

如今,父亲虽然已经走了15年了,但他对我们的教育时常回荡在耳边。作为父亲的后代,我们都心怀感恩,感恩国家昌盛,感谢党的教育,生活在繁荣时代,追寻着党的指引,才能有如今的美好生活。总之一句话:不忘初心,砥砺奋进,为国家多作贡献,听党的话跟党走,准没错!

图书在版编目（CIP）数据

鸿爪雪泥忆大师 / 刘未鸣，韩淑芳主编 . —北京：
中国文史出版社，2019.10
（纵横精华. 第四辑）
ISBN 978 – 7 – 5205 – 1378 – 4

Ⅰ.①鸿… Ⅱ.①刘… ②韩… Ⅲ.①历史人物—列
传—中国—近现代 Ⅳ.①K820.5

中国版本图书馆 CIP 数据核字（2019）第 227570 号

责任编辑：金硕　孙裕

出版发行：**中国文史出版社**

社　　址：北京市海淀区西八里庄 69 号院　　邮编：100142
电　　话：010 – 81136606　81136602　81136603　81136605（发行部）
传　　真：010 – 81136655
印　　装：北京新华印刷有限公司
经　　销：全国新华书店
开　　本：787×1092　1/16
印　　张：12.5
字　　数：165 千字
版　　次：2020 年 1 月北京第 1 版
印　　次：2020 年 1 月第 1 次印刷
定　　价：38.00 元